JN208488

いのち
あふれる
家庭を求めて

Familie als System

安心できる場をつくる

堀江通旦、ヒルデガルト・堀江［著］
Michiaki Horie / Hildegard Horie

山形由美［訳］

いのちのことば社

Familie als System

Kleine Hilfe für Eltern und Kinder

Umschlaggestaltung: Carsten Buschke, Solingen
Umschlagfoto: Steiner/G. Baden-ZEFA, Düsseldorf
Gesamtherstellung: Breklumer Druckerei Manfred Siegel KG
ISBN 3-417-20505-0

新版への序

この本が一九九四年にドイツで出版される前に、私たちは一九八八年に“*Der Verlorene Vater*”（『失われた父親』）という本と一九九二年に“*Wenn Vorbilder Trügen*”（『もし模範が誤っていたならば…』）という本を出版しました。これらの本の内容は私がドイツやスイスで行った講演のシリーズが中心になっていますが、それを作家である妻ヒルデガルトが本の形にまとめたものでした。

私が精神科医としていろいろな悩みを抱えた人々と出会っているうちに気づかされたことは、一時いわゆる母原病とまで名づけられ、母親の過保護、過干渉からきたと見なされていた子どもの心理的な障害の背後には、実は父親不在という現実があるということでした。

父親が第二次世界大戦のために長年家族から離れた生活を余儀なくされ、それが終わった後、今度は産業の世界に駆り出されて家庭を留守にしがちになったのは、経済の高度成長を遂げたドイツも日本と同じでした。「父親不在の社会」という言葉は一九六〇年代にドイツでもよく話題になり、やがて大きな社会問題が次の世代に待ち構えているだろうと警告されていました。

予告どおり、ドイツでは一九七〇年代に学生運動が急速にテロ活動へと発展し、社会を動揺させました。同時に若者の間で麻薬の乱用が疫病のように広がり、婚外妊娠の問題が社会問題として、大きく取り上げられるようになりました。父親が家庭の重鎮ではなくなったことが、母親の役割を変え、家族内の力関係を変えていきました。やがて、母親も仕事のため社会に出て行くようになり、それが子どもたちのアイデンティティーの形成を不安定にしていることに気がついた私たちは、真剣に家族について考え始めました。その結果、この本が誕生したのです。

その後二十年余りの間に世界は変わり続けていきました。欧米ではポストモダニズムという人生哲学が君臨して、真理の基盤が流動化し、社会のルールさえも変わって行く中で、家庭はますます崩壊しやすくなっているかの印象を受けます。同時に、それとつながる社会問題も倍増しているのではないかと思われます。しかし、最終的に家庭がなくなることはないでしょう。

私たち著者は、このような世情の中で育っていく子どもたちに、安心して帰属できる家庭を与えることほど大きな課題はないのではないかと思います。この本が少しでも参考になれば、これほどうれしいことはありません。

今回の日本での出版に当たっては翻訳してくださった山形由美さん、また、いのちのことば社の編集者、根田祥一さんに心から感謝いたします。

二〇一八年六月　　ビクトリア（カナダ）にて

堀江通旦

はじめに——家庭は時代遅れか？

新聞やメディアで毎日のように痛ましいニュースを耳にするたびに、私たちは皆、現代の家庭が危機的な状況にあることを憂えずにはおられません。この家族制度ほど、今日の人間社会において、その意味や存在が問われている制度も他にないでしょう。さらに欧米では、伝統的な家族制度そのものの廃止を求める声が、近年ますます大きくなっています。(注A)こうして、家庭という古い価値観が厳しい批判と嘲笑にさらされ、その代わりになるような合理的で自由なモラルが歓迎されつつあるのです。

歴史を少し振り返ってみれば、家族制度を排除しようとするこの傾向が、特に新しいものではないことに気づかされるでしょう。すでに一九一七年のロシア革命以来、旧ソビエト連邦においては、伝統的な家族を廃止して、国家権力が両親に代わって子どもを育てるという試みがなされていました。(注B)当時、宗教は国家の敵とみなされ、家庭生活から追放されるべきものでした。それまで教会で執り行われていた結婚も、民事法による契約へと変わり、誰もが容易に離婚できるようになったのです。さらに堕胎は合法化され、性的享楽が奨励されるようになりました。また教育も国家によって管理されるようになり、国家に対する両親の不従順を残らず密告する任務が、子どもたちに負わされたのでした。このようにして、社会主義国家の構造改革を成功させる道具として、子どもたちが利用されたのです(1)。

現代社会が家庭崩壊によって病んでいるという事実は、誰もが認めるところでしょう。それでもなお伝統的な家庭観を時代遅れなものとし、その代わりに、いわゆる現代的で新しい制度を導入しようとする試みが絶えず繰り返されているのです。しかしそれがどのような形であれ、人間の生活から「家庭」という枠組みを外そうとしたり、国家が国民の良心にとって代わり、国民が自分たちの責任を「国家」という匿名の権力に委ねてしまうなら、私たちは大変危険な状態に陥ることになります。人間はそのような状態におかれると、いとも簡単に操作されやすくなり、状況によってはどんなに残忍な行為でさえも犯せるようになってしまうのです。

しかしこれらの国家による組織的な努力によっても、最終的に「家庭」を崩壊させることはできませんでした。今日、アンケートを実施してみるならば、あらゆる価値観の変動にもかかわらず、「家庭」というものがほとんどの人の人生において、今もなおもっとも大切な役割を果たしていることに驚かされるでしょう。

もちろん私たちがきわめて移り変わりが激しく、またかつては想像もできなかったほど自由な時代に生きていることも事実です。そのような中にあって、これまでの伝統的な家庭観にこのまま固執していて良いのか、それとも別の道を模索し、「家庭」そのものを新たに定義し直すべきではないか、という意見が生まれて来るのも不思議ではありません。さらに伝統的な家庭の背景を踏まえたうえで、必要であれば家族制度そのものを、より時代に即したものに改めた方がよいのではないか、という考え方が出てくるのも理解できます。しかしそのような変革は、子どもたちの人格形成の過程に一体どのような影響を及ぼすのでしょうか。

私たちは本書の著者として、家族が人間の発明ではなく、創造主なる神が計画された秩序であることを前提としています。ですから、人は家族というものを自由に解釈し直したり、自分たちが考え出した制度をその代わりにすることはできないと信じています。

確かに家庭は、それぞれの文化によって異なる構造をもっています。西欧諸国や先進工業国ではおもに核家族化が進んでいますが、発展途上国では今でもまだ大家族が多いことでしょう。また西欧文化の影響を受けた国々に見られるように、個人主義が強調されればされるほど、家庭は崩壊しやすくなる傾向にあります。西欧の個人主義というものが、他者の必要を顧みることもなく、自分の利益だけを追求する物質主義的思想の影響を強く受けているからです。この自己陶酔的、自己中心的な人生観は、必然的に人間を孤立と孤独に至らせるのです。(2)

このように、一つのまとまりとしての家庭の存在感が失われるとき、人は自ずと失われた家庭の代わりを求めて他の集団に加わろうとするものです。特にある若者たちは、何事においても指図を受けることに抵抗し、自分たちが早くから自立していることを誇示し、伝統的あるいは保守的な価値観と決別しようとします。親と同じ人生を歩み続けるのではなく、自分自身の道を見いだそうとするのです。もちろんこのような独立心は、ある程度は健全なものであり、求めるに値するものでしょう。しかしそれが行き過ぎると、人間は心の拠りどころを失い、根なし草のような存在になってしまいます。そのため、そのような若者たちはいずれ不安定な状態に陥り、やがて自分自身だけではなく、周囲までも危険にさらすことになりかねません。

こうして安定性を欠いた若者たちは、しばしば同じように無軌道な仲間を求めます。しかし、弱さを抱えた者たちがいくら集まっても強くなることはできません。むしろその弱さは何倍にも増幅してしまいます。それは良いものを生み出せない「負のポテンシャル」とでも言えるでしょう。そのような若者たちは、自分と同じような仲間と一緒にいることで、一時的に安心感を覚えるかもしれませんが、その心の不安定さはただ隠されているに過ぎないのです。

人間には心休まる憩いの場というものが必要です。人が成長していくためには、自分自身が守られ、安心できる場がなくてはなりません。また親しい人間関係や帰属意識も必要です。こうして「自分はここの一員だ」と心から思えるような場があって初めて、人は安心感を覚えることができます。そして自らに与えられた創造的な能力や才能を、十二分に開花させることができるのです。そのような人は帰属意識をもっているので心が安定するため、困難な状況に立ち向かうことができるでしょう。またそれらを乗り越えていくこともできます。このように人生を歩んでいくための安定感と責任感というものを、私たちは家庭における非常に親密な人間関係の中で身につけるのです。

したがって家庭に与えられている使命とは、家族一人ひとりを健全な依存関係の中で育みつつ、それぞれがのびのびと自立していけるように導くということです。また子どもたちを、自分の利益だけを追求せず、より大きな視点に立って自らの存在意義を捉えられるような、責任感のある成熟した人間として育てることも、家庭に与えられたとても大切な使命なのです。

ですから、この「家庭」という枠組みを人間社会から排除しようとするなら、神が人間に与えてくださった人生最高の舞台を破壊することになってしまうでしょう。この家庭なくして、私たちは一体どのようにして、人としての健全な発達を遂げていけるでしょうか。環境保護運動家たちはきれいな空気や水を守るために戦い、森林や動物を懸命に保護しています。しかし私たちがまず何よりも守らなくてはならないのは、この家庭ではないでしょうか。なぜなら、私たちの未来を決定する新しい世代は、この家庭において成長していくからです。

この本で家庭について語る場合、基本的には西欧においてキリスト教信仰の影響を受けつつ形成された「核家族」を意味しています。ここで、(注C) その「家庭」というテーマに関して、私たちがもっとも重要と考えている点をまとめてみたいと思います。人間にとって家庭とは、まず何よりも「帰属意識と安心感を与える場」です。また同時に、家庭とは「新しい世代のための訓練の場」でもあります。そのような家庭は、生命力に満ちあふれた有機体のような存在だと言えるでしょう。家族はその中で互いに健全な依存関係を保ちながら、一人ひとりが個性あふれる人間として生きることができるのです。そして、この家庭内の相互ダイナミックスを理解することに、家庭における問題をより良く把握するための鍵があるのです(注D)。

注A　具体的な例として、次のようなものがあげられます。かつてアメリカでヒッピー族と呼ばれた若者たちが伝統的な結婚制度に反対して、フリーラブを掲げ、コミューンという共同体で同棲する形を取りましたが、これはやがてヨーロッパにも伝わってきました。この動きそのものは、次第に力を失っていったのですが、結婚せずに同棲する男女の数は、その後、激増していきました。このような男女のつながりは一般に非常に不安定で、パートナーは頻繁に変わっていきます。そこから家族というものが築かれることは、例外はあるにしてもほとんどなくなってしまいました。また、離婚と再婚を繰り返すパートナーが増えて、両親と子どものつながりが複雑になり、安定した家族は事実上、消滅してしまったと言えるような現実も見られるようになりました。しかし、このような現実は政治的にも影響を及ぼし、税金の控除や経済的な国家保証に関して、結婚していようと同棲していようと、最終的には法律的に何の違いもないということになったのです。このような背景から、本文の内容が書かれたのでした。

注B　この部分は、旧ソビエト連邦や旧東ドイツを含めた過去の共産圏の国々の教育制度を暗に示しています。今の日本では想像できないことでしょうが、その当時、母親は父親と同じようにいろいろな仕事に就くことを命じられ、子どもの養育は、共産主義の思想を子どもたちに吹き込むように訓練された保育士たちに任されるという制度になっていました。ドイツの読者にはすぐに連想される一節です。

注C　核家族の形成は産業革命と強い結びつきをもっています。同時に、個人的な神とのつながりや、救いを個人的なものとするプロテスタントの神学も、大家族から核家族に移行するプロセスに影響を与えているように思われます。確かに日本においては大家族が伝統的でしたが、西欧においては、キリスト教信仰の影響を受けて形成された核家族は、やはり伝統的な家族形態と言えるのです。

注D　本書の原題は、“*Familie als System*”（『システムとしての家庭』）となっています。その背景には、家族システム論という心理学の理論があり、それは家庭内の相互ダイナミックスから家庭の問題を捉えようという見方から成り立っています。

目次

第2章　訓練の場としての家庭……93

第3章　希望と新たなスタート……190

第1章　家庭は安心の場である

1　帰属意識がもたらす安心感

小さな子どもを観察していると、子どもにはすがりつこうとする強い願望があることに気づくことでしょう。子どもがすがりつくこの行動は、どのように説明できるのでしょう。母親から食べ物を与えられ、世話をしてもらいたいという子どもの生存願望がそうさせているのでしょうか。それともこの習性は、生物学的に説明できるものなのでしょうか。

この「すがりつき行動」という現象は、動物の行動観察の研究によって大きく解明されるようになりました。特に動物学者のコンラート・ローレンツ（Konrad Lorenz）は、長年にわたる観察研究の結果、生まれたばかりのアヒルの雛（ひな）が、最初に目に映った動く対象を母親として認識してその後を追うという、非常に興味深い習性を発見しました。誕生後、わずかの間に母親の姿が刷り込まれるというのです。しかしその対象が一定時間内にいなかった場合には、後に同じような関係を築くことはできなかったといいます。[3][注E]

またサルの実験からは、このような結果が報告されています。子ザルがある一定期間以上、母ザルから引き離された場合、そのサルには一生にわたって障害が残り、自分の家族を作れなくなりました。子ザルの発達全体において母ザルとの分離が、やり直しのきかない決定的な経験となったのです。そのようなサルは予測できない凶暴性を示し、後に再び母ザルと接触できるようになっても、その性質に変わりはありませんでした。そのサルたちは、母親と以前のような親しい関係を築いたり、仲間のサルたちとの通常の関係に入って行くことができなくなったのです。[4]

医学的な研究によると、動物が生後まもなく仲間と関係を築くことのできるこの能力は、中枢神経系のサイバネティクス・システムと関係があると考えられています。生存条件が劣悪であったり、関係を築くべき対象から引き離されてしまうと、このコントロールシステムがストレス状態に陥り、場合によってはその機能をまったく果たさなくなってしまうのです。[5] したがって、母親にすがりついて関係を築こうとする願望は、動物に生まれつき備わった本能であると言えるでしょう。

ごく初期の発達段階において動物が母親から引き離されてしまった場合、その脳内ではカテコールアミン、コルチゾール、エンドルフィンなどのホルモンや神経伝達物質の分泌に変化が生じることがわかっています。その結果、動物たちはまず興奮状態に陥り、母親から引き離されたことに鳴き叫んで抵抗します。それでも母親が戻って来ないと、やがて諦めて再び静かになります。しかしそれは少しでも満足したということではなく、ただ失望して引き下がっただけなのです。その際、感情の高まりを鎮めるために、体内のエンドルフィンの値が上がることが確認されています。このモルヒネに似た身体独自の脳内物質のために、確かに一時的に興奮は収まり、感情的な痛みは和らぎます。しかし同時にその動物たちは、もはや外界と正常な関係を築ける状態ではなくなってしまうのです。

このように心に深い傷を負うトラウマ体験によって、その動物たちは明らかに神経生物学的にも抵抗力が低下するため、後に再びストレス状態に置かれると「行動障害」という反応を示すようになります。さらに体の免疫システム全体も悪影響を受けるので、実際に病気にも感染しやすくなってしまうことがわかっています[6]。

さらに大多数の研究者たちも、これらの動物実験と類似した生物学的変化が人間の場合にも起こるという理論を提唱しています。そして次のような観察報告が、その主張の正当性を裏づけていると思われます。すなわちある一定期間、子どもが母親から無理やりに引き離されるという体験です。周知の通り第二次世界大戦の最中にロンドンが空襲されたことがありました。そのとき、小さい子どもたちを空襲から守るために、より安全な田舎へ強制的に疎開させるという政府の決まりが発令されました。そこで子どもたちはまとめられて母親からしばらく切り離されたのですが、そのような状態に置かれると、ほとんどの子どもはまず抵抗し、母親を失う不安からますますすがりつこうとしました。それでも母親から引き離され、さらに代わりとなるような対象が与えられないと、彼らは失望してふさぎ込んでしまいました。そして数日後、母親が戻って来ても、意外なことにその子たちは母親を拒絶したのです。その後、幾人かの研究者たちが、保育所へ連れて来られた子どもたちをいくつかのカテゴリーに分けて、数日から数週間にかけて母親から別離させられる体験にどのように反応するか観察しました。大小の個人差はあれ、原則的には上記の反応は共通していたというのです。[7] その他にも、人生の初期において両親との別れを経験せざるを得なかった子どもたちには、そのような経験のない子どもたちに比べて、情緒不安定や行動障害が、より多く見られることがわかっています。[8]

もちろん母と子の結びつきは相補的なものです。当然、母親のそばからも、子どもに対する強い絆が存在しており、数か月にわたる妊娠期間を通してすでに強固なものとなっています。子どもに対して、そのような関係を築けなかった母親たちも確かにいますが、それはむしろ例外と言えるでしょう。

この母親と子どもの結びつきは、ホルモンによってコントロールされていると推測されています。したがって母親が中絶した場合、この通常のプロセスが暴力的に中断されることになります。中には中絶したことによる罪悪感を否定する母親もいないわけではありませんが、私たちの経験によれば、母性と密接に結びついた心の奥の罪悪感は、ただ単に抑圧されているものと思われます。

乳幼児には、親がすぐそばにいてくれることが必要です。もちろん小さな子どもたちは、ちょっとした好奇心から周りの世界を探検しようと、一時的に親のそばを離れることもあるでしょう。しかしすぐにまた母親の元に帰って来ます。子どもたちは母親なしには生きていけないことを、本能的に知っているからです。

しかしこのような母と子の絆は、成長とともに次第に精神的なものへと変化していきます。子どもにとって、母親が必要なときには手の届くところにいるとわかると、母と子の物理的な距離はますます広がっていくでしょう。このようにして子どもにとって母親との絆は大きな心の拠りどころとなり、その安全な基地から外の世界に向かって、子どもたちは羽ばたいて行けるようになるのです。

さらに人と結びつきを築くこの能力は、後のさまざまな人間関係にも転用されていきます。そして乳幼児期に両親、特に母親との親しい関係を十分に味わうことのできた人は、何らかの理由でそのような経験をもてなかった人に比べて、後の人間関係においてはるかに落ち着きがあり、より積極的かつ肯定的な行動を取れるようになることが明らかになっています。(9)

このように心の絆や人との親しい関係がないところでは、私たちは安心感を覚えることができません。ですから良い人間関係や帰属意識は、安心感の大前提だと言えるでしょう。心の絆が失われている状態と安心感とは共存し得ないのです。もし心に安心感がない場合には、心の拠りどころが失われて、精神的に根なし草のような状態に陥っていると考えられます。そのような状態はさらなる心の不安定さをもたらし、そこから恐怖心や攻撃性、また敵意や極端に強い依存心などが生じるのです。

こうして心に安心感のない人は、しばしばどこか他に拠りどころを求めようとする危険性があります。もっとも多く見られるケースは、自分と似た背景の仲間に加わることでしょう。しかし心が不安なまま生きていればいるほど、人は危険な状態に陥っていくものです。このようにして大都会における犯罪は際限なく増加し続けているのです。

またしばしば心に安心感を得ていない人は、困難を乗り越えていくための内面的エネルギーや精神的な強さに欠けているため、簡単に人生の傍観者や敗北者になってしまう傾向があります。そのような人は外からの影響を強く受けやすく、誘惑に陥る危険も大きいのです。

たとえば崩壊した家庭や、問題を抱えた家庭を背景にもつ子どもたちには、後にうつ病や強度の不安、および精神医学上、異常とされるさまざまな精神障害が見受けられることがよくあります。このように「人の心がどれほど傷つきやすいか」ということは、その人が帰属意識や人との情緒的な結びつきをとおしてどのような感情を育んできたかということと、非常に深く関係しているのです。

このような人間関係は、ちょうど登山で使われるザイルのようなものではないでしょうか。ザイルはある程度、体の動きを制限するものです。しかしそれによって、私たちを底なしの深みに転落することから守ってくれるのです。ただしどんなに親しい関係であったとしても、その親しさによって相手を束縛することがあってはなりません。人間の健全な発達のためには、「親密さ」と「適度な距離感」の双方が大切なのです。親しく、かつ個人の自由を尊重し合うような関係です。そのような自由な精神的空間が与えられるとき、私たちは互いに窮屈さをおぼえることなく、安心感や帰属意識を得ることができます。

この相互関係を示すもっとも良い例は、私たちの体の関節に見られるでしょう。手足の各部分は、関節と筋肉によって結びついていますが、関節と関節の間には適度なすき間があるため滑らかな動きができます。しかしこの小さなすき間がなくなれば、すぐに痛みを伴う炎症が起こり、関節はその機能を失ってしまうことでしょう。

先ほど、小さな子どもには親がそばにいることが必要であると述べました。しかし子どもが必要としているのは、ただ親がそばにいてくれるということだけではありません。両親が自分に心を向けてくれることを、子どもは必要としているのです。父親や母親から語りかけてもらうこと、愛情をもって抱きしめてもらうことを子どもは心から求めています。もちろんここでも、その親しさによって子どもを束縛しないことが大切でしょう。さもないと、子どもは圧迫感をおぼえてしまうからです。この点については、後にふたたび触れたいと思います。

このように人間には心休まる場が必要です。どこかに「自分はここに属している」と心から思える場が必要なのです。自分がそこの一員であることを本当に知るとき、人は初めて、もてる能力を最大限に伸ばし、それを生かせるようになるでしょう。なぜならこの「帰属意識」が、人間に揺るがない安定性と、困難な状況にも立ち向かえる力を与えるからです。

したがって、人生で最初に経験したこのような人間関係の質が、その人の後の発達において決定的な意味をもつと言っても決して過言ではありません。そこで味わった人間関係が平和なものであったか、緊張に満ちたものであったか、また冷ややかなものであったか、温かな愛情に満ちたものであったかなど、その影響は全生涯にまで及ぶのです。ですから乳幼児初期に経験する人間関係は、その人の心や精神の健康にとって決定的な要素として捉えることができるのです。

では家庭における人間関係の特質と構造について、もう少し詳しく見ていきましょう。

注E　動物学者であるコンラート・ローレンツ（Konrad Lorenz）によって研究された「すがりつき行動」においては、アヒルの雛に母親の姿が刷り込まれたのは、誕生直後からわずか十二時間から十七時間までであったといいます。さらに誕生してから七十二時間以内に、刷り込みの対象となるものが与えられなかった場合、その後、雛はそのような関係を築くことはできなかったことが報告されています。（参照・https://www.simplypsychology.org/attachment.html#lorenz）

2　家庭の特質と構造

一人で現在の自分になった人はいません。私たちの人格はそれぞれ、生きた有機体として働く「家庭」を背景に形成されました。典型的な核家族を見てみると、家族というものが、互いに密接な関係にある、少なくとも三つの鎖の輪によって構成されていることがわかります。父親、母親、子どもという輪です。また国によっては、それ以上の人々も加わった大家族もあります。そこにはさらに兄弟たちや祖父母、叔父、叔母、いとこなどがいるでしょう。その大きな家族の中では一人ひとりの立場があり、その間には密接な相互作用があるのです。

このような家庭は、ただ単にそれを構成する人々の集まり以上のものです。それはお互いの力関係が生き生きと働き合う「有機体」と言えるものなのです。その家庭内の力関係を決定しているのは家族一人ひとりです。家庭の中ではそれぞれが自分の立場を得るために、つねに作用し合っているからです。生まれたばかりの赤ちゃんでさえ、すでに自分を取り囲む世界に本能的に反応しているものです。このように私たちは、人間としての基本的な行動パターンを家庭の中で習得していくのです。

したがって人間にとって家庭とは、将来の社会生活に耐え抜く力を養う稽古場のようなものだと言えるでしょう。人はこの家庭の中で、困難な状況に順応したり、立ち向かうことを学んでいくのです。さまざまな問題を克服したり、時にはそれらを避けることを私たちは家庭において学ぶのです。

さらにこの家庭ほど、私たちのセルフイメージ（自己像）を形作るものも他にはありません。「自分とは何者なのか。自分は何をし、またなぜそれをするのか」といった人間としての根本的な事がらを、私たちは家庭での最初の人間関係を通して学びます。そしてこれらすべてのことを、私たちは家族同士の親密な相互作用を通して身につけるのです。その際、非常に重要な役割を果たすのがコミュニケーションです。私たちは家庭において、お互いにどのように会話をしているでしょうか。話し合うことを避けて、ただ必要事項を報告し合うだけの関係になってはいないでしょうか。このコミュニケーションの取り方は、それぞれの家庭によってずいぶん違うものです。

3　家庭におけるコミュニケーション

家庭でのコミュニケーションについて考える場合、私たちは一般的に、家庭では会話がごく普通に交わされていることを前提にします。ところが実際は、どうもそうではないらしいのです。家族がお互いに話せなくなってしまった家庭を、私は数多く知っています。そこにはある種の臆病さや気恥ずかしさ、恐れなどがあるのかもしれません。さらに顕著なことは、家族の間で自分の感情について語ることに、私たちはしばしばひどく気後れするということです。しかしそれは理解できないことではありません。家庭であっても自分自身の境界線を保つためには、それぞれが一定の安全地帯を必要とするからです。

良いコミュニケーションとは言うまでもなく、感情に任せてお互いにすべてをぶちまけることではありません。ただ夫婦の間ではいくらか異なります。そこには透明で駆け引きのない率直さが求められるでしょう。(注F) しかし兄弟や親子の間では心の緩衝地帯が必要であると私は思います。この境界線を設けることについては、後の章で詳しく取り上げましょう。

家庭におけるコミュニケーションは、その家庭の健康状態を示すバロメーターのようなものです。確かに今日、多くの家庭から会話が失われているようです。コミュニケーションと言っても、必要最小限の連絡を取り合うだけで、家族全員で食卓を囲むこともほとんどなくなっているかもしれません。それぞれが勝手に生活しており、自分の興味を追求し、自分の友人たちとだけつき合っているのです。気がつくと家族の団らんと言っても、せいぜい一緒にテレビの前に座って、誰も面白いとも思わない番組を黙って見ているだけになりかねません。

家庭におけるコミュニケーションは、家族がお互いに時間を取れなくなったために失われたのでしょうか。それとも家庭を支配するこの沈黙は、困惑や自信のなさの表れでしょうか。あるいはただ単に互いに話をしたり、コミュニケーションを取ることに慣れていないのでしょうか。確かに一九五〇年代以前に生まれた大多数の方々にとっては、第二次世界大戦の混乱状態のため、生まれ育った家庭においてコミュニケーションの取り方を学ぶ機会は、おそらく非常に少なかったと思われます。当時は家族といっても、どこか他人行儀であることが多かったものです。しかしコミュニケーションの仕方は年齢を重ねていても、ある程度は学ぶことができます。

では、コミュニケーションにおけるもっとも大切なルールは何でしょうか。それは何よりも「相手に心を向ける」ということです。たとえば学校から帰ってきた子どもが、何か大切なこと（子どもにとってですが）を親に話そうとします。そのとき、子どもに心を向けるとは、母親が仕事の手をいったん止めて子どものほうを向くことを意味します。あるいは、仕事で疲れ切った父親がようやく家で新聞を読もうと腰を下ろした瞬間、「ねえ、お父さん」と子どもから声をかけられたとします。この場合、父親が読みたい新聞を脇へ置いて子どものほうを向いてその話に耳を傾けることが、子どもに心を向けることになるでしょう。

もちろん子どもたちも、親が何かを伝えようとするときには心から耳を傾けなくてはなりません。「相手の話を聞く」ということは、どの家庭においてももっとも基本的なルールとするべきものでしょう。何かを伝えようとしても、相手がそれを無視して仕事を続けているならばフラストレーションが生じます。そこから失望や苦々しい思いが生まれ、いずれその人は何も伝えようとはしなくなってしまうでしょう。

長い話し合いが必要なのではありません。大切なのは、そのつどちょっとした報告をし合うことです。もし子どもたちが、自分の父親や母親から話を聞いてもらったり、日々のできごとや自分たちの抱える問題に親が興味や関心を示したり、心を寄せてくれるという経験をするならば、家庭内でどれほど多くの衝突を避けることができるでしょうか。

さらに家族全員で話せるような場をもてればもっと素晴らしいでしょう。それは決まった会合ではなく、ごく自然に生まれる語らいのひとときです。そのため、できれば一日に一度は家族全員で食卓を囲むことができるように、母親がちょっとした工夫をする必要があるかもしれません。素敵に飾られた食卓に、心のこもった料理が並べられるなら、それだけで十分、家族全員の話が弾む楽しい語らいの場が生まれることでしょう。

家庭のコミュニケーションは、何よりもまず夫婦の会話から始まります。このことはあまりに月並みに聞こえるかもしれませんが、日常生活における夫婦の会話もかなり減ってきているようです。夫婦であっても再び傷つくのを恐れて、お互いに特定の事柄には触れないようにしているのです。しかし、衝突は避けることによって解決するものではありません。むしろその問題について率直に話し合ったり、ともに考えることによって初めて乗り越えることができるのです。もし夫婦二人だけで問題を解決できない場合には、助言を与えてくれる人を交えて話し合う必要があるでしょう。

そもそも「家庭におけるコミュニケーション」とは、家庭の一人ひとりが心と心の触れ合いを伝え合うという目的ために与えられた手段です。専門家の研究によると、言葉という枠外で取るコミュニケーションは全体の六十五％を占め、私たちは無意識のうちに表情、ジェスチャー、雰囲気などで自分の気持ちを相手に伝えているというのです。言葉で取るコミュニケーションは、主として自分の気持ちの確認や情報交換の際に用いられます。「愛には恐れがありません。全き愛は恐れを締め出します」（Ｉヨハネ四・一八）。このように聖書によると、家庭内の人間関係を保つもっとも大切な原動力は「愛」ですが、「恐れ」が生じるとそれを破壊してしまいます。したがって「愛」を追い求めることが、家庭の原点に立ち返ることになると言えるでしょう。（参照・https://pjcostan.wordpress.com/about/non-verbal-communication/improving-non-verbal-communication/）

注F　もしかしたら夫婦の間でも、率直さだけでは理解し得ないコミュニケーションの難しさを感じることもあるかもしれません。たとえ夫婦であっても、そこには一人の人の心の緩衝地帯というものが存在するからです。しかしもし、このような緩衝地帯がもはや異物ではなく、自分の人格の一部になり、自分とは異なった相手をそのまま受け入れてなお愛することができれば、これは人格の成熟を意味していると思います。子どもの特徴は外からの刺激に本能的に反応することですが、成長するにつれて、刺激に本能的に反応する自分を距離を置いて見つめることができるもう一人の自分があることに気がつきます。この「もう一人の自分」を追い求めることが人間の成熟につながっていくのではないでしょうか。

4　「理想的と思われる家庭」と「問題が起こりそうな家庭」

家庭には「理想的と思われる家庭」もあれば、「問題が起こりそうな家庭」もあります。それぞれの家庭が健全であるかどうかを、どのように知ることができるでしょうか。

例えば一つの生命体の中では、多くの力が作用し合って全体としてのまとまりが形成されています。確かにこのような生命体にも似た家庭を、ごく限られた言葉で表現するのは難しいでしょう。絵画でもたった一本の線だけでは、描きたいものの輪郭を完全に描き出すことはできません。でもある程度の大まかな特徴はつかめるものです。そこでちょうど簡単なデッサンをするように、「理想的と思われる家庭」の特質と機能についてまとめてみると、次のような家庭像が浮かび上がってきます。

まず「理想的と思われる家庭」において何よりも大切にされているのは、帰属性（家族の一員としての意識）と個性化（一人の個人としての意識）のバランスです。一人ひとりの個性が家庭の中で抑圧されず、むしろ積極的に受け入れられ、家庭全体に統合されているのです。

家庭には生命と同様に静止状態というものはありません。絶えず家庭は成長し続けているのです。そして成長があるところには必ず変化が伴い、つねに動きがあります。確かに子どもたちの成長を見てみると、子どもは自然と大きくなっていくように感じられます。しかし真の成長というものは、ただ単に身長の伸びにだけ現れるようなものではありません。家庭では一人ひとりが日々、何らかの変化を余儀なくされています。そこには子どもの成長していく過程で起こる変化もあれば、親が社会生活にもまれている過程で起こる変化もあるでしょう。大切なことはその変化を認め、受け入れていくことです。(注G)

このような家庭では、それぞれの成長や発展が妨げられないように、一人ひとりに精神的自由が与えられています。この精神的空間は広過ぎることも狭過ぎることもありません。もちろん家族の絆が弱過ぎれば安心感は生まれません。しかしその拘束力が強過ぎると、お互いに息が詰まり、その健全な発達も妨げられてしまうでしょう。

また一人ひとりの才能が可能性に応じて認められ、伸ばされていくために、家族の間でライバル意識をもつ必要もありません。それぞれが自分自身に、現実に即した価値を認める感情を育てていけるのです。

さらにそのような家庭では、一人ひとりが勇気をもって自分で決断するように励ましを与えられます。もちろんそれは子どもの年齢にもよります。小さな子どもには、両親がはっきりと導く必要があります。しかしある程度大きくなったら、自分で決断できるようにしたほうがよいでしょう。そのような経験を通して、後に自分で責任を負う備えができるようになるからです。

この家族の一員として帰属意識を得るための条件は何もありません。皆、自分がありのままで家族から受け入れられていることを、当たり前のように知っているのです。何と気が楽なことでしょう。自分の立場を守るために必死になる必要もありません。そのことはリラックスした家庭の雰囲気にも表れていることでしょう。このような帰属意識は、たとえ何か失敗したとしても決して失われることのない大前提です。だからこそ家族は互いに正直になれますし、ごまかすために嘘をつく必要もありません。誰もがありのままの自分でいられるのです。自分が何者かであるように振る舞う必要もありません。家族の一員として認められ、受け入れられるために何の成果もいらないからです。

真実の愛は揺るぎないものであり、人間の成果や功績などとは無関係なものです。それは最優秀者だけに授与される特別なご褒美ではありません。そもそも愛は獲得しようとして得られるものではありません。むしろそれは、一人ひとりのために差し出された贈り物のようなものではないでしょうか。このような無条件の愛は家庭全体を満たし、いのちを吹き込む酸素のようなものなのです。

こうして家族から愛されており、その一員であることを知っているなら、私たちはもはや自分の本当の姿を隠す必要がなくなるでしょう。ですからそのような家庭には、自然と開放的で自由な空気があふれています。恐れのために小さくなっている必要もありません。一人ひとりが、その個性とともに家族から受け入れられ、愛されていることを知っているからです。もちろんそこでは、軽はずみに相手を傷つけないようにお互い配慮し、相手の期待にこたえようと努めるでしょう。このように自分が愛され、受け入れられていることを知っている子どもたちは、自然と両親を喜ばせようとするものです。

ところが「問題の起こりそうな家庭」では、これらと反対のようすが見られます。家族を結びつけているものは多くの場合、「恐れ」です。自分が家族の誰かに抑圧されていると感じていても、自分自身を解放することができません。自分に価値を認める感情は極端に強いか、まったくないに等しい場合がほとんどです。また家庭で決断を下すときも、権力の強い者が一人で何もかも決めてしまっているか、それぞれが家族を思いやることもなく、勝手な選択をしていることが多いでしょう。

このような家庭では、家族は皆それぞれ自分のことにだけ心を向けており、自分の目標をひたすら追求し続けているのです。家族の一員として責任を感じることはほとんどありません。子どもたちも早くから放任され、親から邪魔者扱いされてしまっていることも多いでしょう。子どもらしい自然な願いさえも親に拒まれてしまうために、子どもたちはさらに大きな欲求不満を募らせてしまいます。

この「問題の起こりそうな家庭」の空気は、緊張に満ちたとげとげしいことが多いものです。家族は静かに話し合うこともできないまま裁き合ったり、責任を転嫁し合ったりしています。このように家庭システム全体が病んでいると、家族の関心はますます否定的なことにだけ向けられるようになっていきます。しかし本質的な問題は解決されないままなのです。

アルコール依存症患者の家庭は、もっともわかりやすい例の一つでしょう。アルコールが問題の原因であることは誰もが知っていますが、依存症患者自身はそれを認めようとはしません。それどころか自分で飲酒を制限したり、「その気になれば、いつだって禁酒できる」と言い張るのです。

このような「問題の起こりそうな家庭」では、誰も自分の考えを言えずにいることがよくあります。とりわけ表向きには、何の問題もないかのように隠されてしまうので、一人ひとりが抱える心の奥の複雑な感情は外に現れにくいのです。ただ怒りの感情は比較的はっきりと現れやすいため、そこからさらに新たな問題が生じてしまいます。

たとえば激怒した父親が、思いっきりドアを閉めて部屋を出て行ったとします。当然、後に残された母親の心には、やりきれない不快感が生じることでしょう。多くの場合、この母親の欲求不満を身にしみて感じるのは子どもたちではないでしょうか。

このように病んだ家庭では、愛情が厳しい規則に置き換えられていたり、親が愛情の代わりに、子どもが困惑するほどの自由を与えているケースがよく見受けられます。その結果として、子どもたちが当然、受けられるはずの親の愛情を奪われてしまうのです。

さらに「理想的と思われる家庭」と「問題の起こりそうな家庭」において、それぞれ家族がお互いにどのように接しているかを詳しく調べてみると、そこには、その家庭で守られている「不文律」とも言えるようなルールを見いだせるでしょう。それは例えば、「父親が何か命令したら、すぐに全員服従する」とか、「家庭内で問題が起こっても、原則的に誰も何も言わない」などといった日常的なルールです。それをよく見ると、その家庭の力関係が健全かどうかすぐにわかるのです。

もちろんそれらのルールについては、その家庭でいつも話し合っているわけではありません。にもかかわらず、家族全員が暗黙のうちに、そのルールへの適応の仕方をほとんど本能的に知っているのです。そのような意味で、これらのルールは家庭を一つにまとめる骨組みのようなものだと言えるでしょう。

確かにそこには「良いルール」と「良くないルール」があります。「良いルール」には建設的な目的がありますが、「良くないルール」には、家庭の好ましくないところを隠そうとしたり、相手の価値基準を無理にでも変えようとする目的がある場合も少なくありません。

もちろん家庭における健全なルールも、私たちに多少の制限を加えるものでしょう。しかしそれによって安全を保障してくれるのです。それに反して、良くないルールは家庭のシステム全体を蝕(むしば)み、その結果、家族一人ひとりを病的にしてしまう危険があるのです。

では「理想的と思われる家庭」の際立った特徴とは、どのようなものでしょうか。[10]

まずもっとも大きな特徴は、「家族としての強い一体感」です。家族全員が、「自分たちは一つだ」ということを知っているのです。

さらに自分たちの家庭を、神から一人ひとりに委ねられた大切な宝として理解していま す。ですから家庭に多くのストレスがかかるようなときにこそ、その家族は団結して互い に支え合い、ともに解決の道を見いだそうとします。その反対に問題の起こりそうな家庭 は、病的な忠誠心の上に築き上げられた不安定な集団と言えるでしょう。

また理想的と思われる家庭では、「家族で一緒に過ごす」ことを大切にしています。家族全員で計画を立てて一緒に何かをするのです。こうしてともに余暇を過ごすことによって、家族の絆はさらに強められるのです。後になって振り返るとき、このような時間は子どもたちにとって、しばしば生涯忘れることのできないもっとも素晴らしい思い出となるでしょう。子どもたちが必要としているのは金銭ではありません。最新型の自動車でも、贅沢な家でもありません。子どもたちが本当に必要としているものは、「子どもに向けられた両親の開かれた心」なのです。

このような家庭では、お互いに隠し事をしようとしないものです。一人ひとりが心に感じたことを素直に言葉にしやすいからです。もし不快感や不満、怒りを覚えることがあれば、非難を恐れず、相手にわかるように話すことが大切でしょう。そのために問題が生じるなら、率直に話し合えばよいのです。

また家族の中で励まし合いますが、それによって相手を束縛しようとはしません。むしろ相手を尊重しつつ、応援したり、支え合うようにします。また家庭で誰かが何かをしてくれたときにも、それを当然のこととはせずに、感謝の気持ちを具体的に言い表すようにします。このように夫婦や親子の間で感謝し合うことによって、相手はさらに喜びを感じ、自分に価値を認める良い感情がさらに強められていくでしょう。このような家庭では、互いにほめることのできる機会を逃さないものです。もちろんほめ言葉は正直なものでなくてはなりません。ほめるに値しないようなことをほめても意味はないでしょう。ただ家族の誰かが、努力したにもかかわらずうまくいかなかったときには、その人が気落ちしてしまわないように、その努力を十分に認めるようにしたいものです。

ところが多くの夫婦にとって、相手をほめるよりも批判するほうがはるかにたやすいのです。しかし夫からほめられることは、妻にとって非常に大きな意味をもっています。それによって妻は新たな力とやる気を与えられるからです。そのような励ましを受けているなら、妻もまた自然と子どもたちをほめるようになるでしょう。その結果、子どもたちもそれぞれが両親から愛され、価値があると認められていると知っているからです。同様に、喜びを感じるので、兄弟同士が自分の立場を得ようといがみ合う必要もなくなります。そ夫も妻からほめられるなら力が湧いてきます。妻が夫の仕事をもっと認め、夫が自分や家族のためにしてくれていることに対してより深い感謝を言い表すなら、夫はさらに喜んで仕事をするようになるでしょう。

一見、これらのことはあまりに当たり前のことと思われるかもしれません。しかし日常生活においては、いとも簡単に見過ごされてしまうのです。

もし家庭を良くしようと何かルールを作ったとしても、外から家庭内に本質的に良い影響を及ぼすことは、現実にはほとんどできないものです。むしろ真に機能的なルールというものは、その家庭の核をなす部分、つまり家庭の真の姿の具体的な現れと言えるものでしょう。それらのルールが、家庭の内部から家庭全体に影響を及ぼしているのです。確かにある一定の原則を掲げ、それを守るように家族に求めることはできます。しかし、そのような原則を取ってつけたかのように家庭に取り入れてみても、実際はそれほど大きな影響力をもたないものです。その反対に、それぞれの家庭で暗黙のうちに守られているルールが、その家庭のあり方の自然な表現であるなら、それは非常に大きな影響力をもっていると言えるでしょう。

これらの家庭のルールを、子どもたちはとても早くからすっかり身につけてしまうものです。ですから大きくなって、そのルールから自由になろうとしてもなかなかできないか、あるいはそのために大変な苦労をすることになります。こうして生まれ育った家庭で身につけたルールは、言わば私たちの人格の一部となって次世代にまで受け継がれていくのです。

それでは次に、家庭の「核」となる部分をさらに詳しく見ていきましょう。

注G　つねに成長している家庭で、家族が余儀なくされている変化としてこのようなものが考えられます。たとえば、いわゆる「反抗期」とも呼ばれる「親離れ」が始まる時期に、親は今まで自分の手のうちにあった子どもが独り立ちし始めたことに気づき「子離れ」という複雑な心の行程を歩み始めます。そこでは親子ともに試行錯誤を繰り返しながらも、最終的には子どもの独立を喜ぶ家庭の雰囲気があることでしょう。

5　夫婦関係

家庭というものは、一つひとつの輪が組み合った鎖のようなものであることは、すでに述べました。そのもっとも重要な輪は、もちろん「夫と妻」という二つの輪でしょう。この二人によって、「家庭」という建物全体の基本構造が成り立っているのです。したがって夫婦関係、すなわち父親と母親の関係は、家庭全体にとって決定的な意味をもっています。この二人が家庭の枠組みそのものであり、家庭全体の支えだからです。

もしこの夫婦関係がうまくいっていないなら、当然のことながら「家庭」というシステム全体に問題や支障が生じてしまいます。両親が互いに理解し合えず、その関係が緊張したものであるなら、家族は明らかに苦しみを味わうでしょう。当然、子どもたちも、この緊迫した戦いに巻き込まれてしまいます。子どもには、自分自身を父親や母親から分離させることができないからです。子どもたちは両親という、自分が生まれ出た「一体」の一部であり、その心には母親が存在しているように父親もまた存在しているからです。

そのため父親と母親が言い争う様を目の当たりにすることは、子どもにとって耐え難いことになります。「自分はどちらの味方になればよいのだろうか。どちらにつけばよいのだろう」。このような葛藤に子どもたちは対処し切れず、困惑してしまいます。子どもはその状況に「恐れ」という反応を示し、しばしば「怒り」という形でそれを表します。あるいは自分の殻にこもって、精神的に病んでしまう子どもたちもいるでしょう。

その反対に両親が愛し合っており、その愛を実際に子どもたちが感じられるような形で示している家庭もあるでしょう。両親が互いに支え合い、愛情あふれる親切な態度で互いに接する姿を見るとき、子どもたちは幸福感と安心感を味わいます。そしてこの安心感が、子どもたちに外で戦いに立ち向う力を与えるのです。

「理想的と思われる家庭」および「問題の起こりそうな家庭」について、これまであげてきた事柄を、ここでもう一度振り返ってみましょう。するとこれらの点が家庭全体にとってだけではなく、まず何よりも夫婦関係にとって非常に重要であることがわかります。家庭と同様、理想的と思われる夫婦関係にも際立った特徴がいくつか見られるものです。「愛」というものは、確かに夫婦関係において本質的な要素でしょう。しかしこの愛は、さまざまな形で表現されるものであって、言わば日々の生活の中で具体的に示された事柄の結果と言えるものです。そこで「愛」というものを、もう少し明確に定義してみたいと思います。

愛は多くの異なった要素から成っていますが、そのもっとも重要な特徴は「結束力」です。父親と母親が、「たとえ何があっても自分たちは一つだ」と心に深く刻んでいるということです。そのような夫婦は、どのようなときにもお互いに相手を支持することでしょう。どちらか一方が身体的、精神的に病めるときにも、または不慮の事故で障害を負ってしまい、もはや働けなくなったとしても、相手が自分の味方であることに変わりはありません。たとえ自分が倒れたとしても、相手から決して見捨てられることがないと心から信じ合えるのです。

もちろん自分自身も相手に誓った結婚の誓約どおり、生涯、堅く節操を守ります。たとえ相手が自分の思いどおりにならなかったり、摩擦が生じることがあっても、相手を見捨てるようなことはしません。このことをお互いに知っていることが、夫婦関係を築いていくための良き土台となるのです。

人生を生きていく助けとして、人間には人と絆を結ぶ能力、つまり人間関係を築く能力が生まれつき備わっているものです。この能力は、反対の極がなくなると引きつける力を急に失う磁石のようなものではありません。むしろそれは、それぞれの物質の独自性が失われず、強い融合を生み出す化学結合に似ていると言えるでしょう。

ですから異性との性的関係は、人間にとって傷つくことなしには再び離れ得ない融合となるのです。残念なことに今日、若い男女が、拘束力のある結婚の決断をしないまま生活を共にし始めることは、決して珍しくなくなりました。「愛し合っている限り」と言うのです。そのような若者たちは、責任の伴わない共同生活を自由の証と考え、結婚というものを、むしろ二人の関係を窮屈にするものと捉えているようです。そのため場合によっては、すぐにでも関係を解消できるように試そうとするのです。しかし信頼の上に築かれていない関係は長続きしません。潜在的な不信感にさいなまれるからです。

このように夫婦関係とは、どのようにでもなるような興味本位の関係ではありません。

お互いに義務を負う「同盟関係」と言えるものです。夫と妻が交わした結婚の誓いは、たとえ困難がやってきても変わることはありません。むしろそのような困難は、二人に創造的な共同作業の機会を与えてくれるのです。それによって、二人はさらに深く理解し合える道を見いだすことができることでしょう。

このように結婚生活の大前提は、「相手を心から信頼できる」ということです。たとえいかなる困難が襲ってきたとしても、「これから先も、決して相手から見捨てられることはない」と心から確信できるのです。自分より優れた資質の人や、他の分野でもっと魅力的な人が現れたとしても、「自分は相手にとってかけがえのない存在であることに変わりはない」と信じられます。いずれ肌に皺(しわ)が刻まれ、かつての若さや美しさ、力が失せたとしても、生涯、相手が自分を見捨てるようなことはないという揺るがない確信が、二人の結婚生活の大前提だと言えるものでしょう。もしそのことを本当に確信できないなら、どのようにして相手を心から信頼できるでしょうか。信頼がないところに、良い夫婦関係や家庭を築くことはできないのです。

夫婦はたとえ将来がどのようになろうとも、お互いに責任を負っているものです。生涯、ともに支え合い、結婚の誓いを固く守り続けるのです。夫婦のこのような決意は、結婚生活や家庭全体を堅固なものとします。しかし結婚に伴うこれらの責任は重荷とはなりません。それはむしろ二人にとって、人生をともに生きていくための大きな力の源となることでしょう。

「理想的と思われる家庭」の特徴の一つとして、私たちはすでに「率直なコミュニケーション」をあげました。しかしそれは何よりもまず、夫と妻の間で実践されるべきものでしょう。良い関係にある夫婦はお互いに心を開いて、心の奥底にある思いや感情を相手に見せられるものです。もちろんそれによって自分自身は傷つきやすくなります。しかしそれがお互いの信頼の表れなのです。このような率直なコミュニケーションによって、二人の交わりはさらに深められ、お互いに成長していけるのです。夫婦が何でも率直に語り合い、お互いに正直であり、自分の感情を相手に隠そうとしない良い関係にあるなら、大きなストレスのかかるときにも、二人は困難に立ち向う力を得られることでしょう。

その反対に問題の起こりそうな夫婦関係においては、相手に気づかれないように問題がごまかされたり、隠されたりしてしまいがちです。それについて二人で話し合うこともありません。このような結婚生活は、結局のところ、相手を自分の必要のために利用しているに過ぎないのです。二人にとって重要なのは、ともに生きることでも、相手のために生きることでもありません。夫婦であってもただ一緒にいるだけです。それどころか実際には、お互いに反目し合う関係になっていることも多いのです。

たとえば、夫から冷たくあしらわれているように感じている妻がいるとします。彼女は何とかして夫に振り向いてもらおうと必死になります。ところが心が傷ついている妻は良くない手段を選んでしまいます。ゆっくりと落ち着いて夫と話し合う代わりに、自分が傷ついていることをあからさまに示すような態度をとって、無言のうちに夫を責めるのです。あるいは直接、夫を非難して、もっと献身的で家事を喜んでしてくれる他の夫たちと比べたりするかもしれません。そのような批判によって夫も傷つき、妻から理解されていないと感じてしまうでしょう。その結果、夫はより多くの時間を仕事や趣味に費やすようになります。こうして妻の戦いはさらに激しさを増すのです。

この場合、双方とも「自分の言い分は正しい」と思い込んでいます。それはお互いに、「自分のほうこそ傷ついている」という観点から考えているからに他なりません。

または、相手をコントロールしようとする場合もあるでしょう。女性だけではなく男性にも、相手をうまく手中に収めようとする傾向が見られることがあります。それはある種の自信のなさの表れであったり、ただ単に相手に支配されるのを恐れるためかもしれません。しかしそのような強制的な態度はたいてい反感を買うものです。強いられることを好む人はいないからです。このような行動を意識的に取ることはごくまれで、それらはほとんど本能的なものです。そして人はそのような行動パターンを、生まれ育った家庭から知らず知らずのうちに受け継いで、自分の家庭で繰り返してしまうのです。このような場合には第三者に入ってもらい、夫と妻のそれぞれ視点の違いを明らかにして、適切なコミュニケーションの仕方を指導してもらうことが必要でしょう。

良い夫婦関係を築くためには、励ましつつ互いに支え合うという姿勢がとても大切です。相手の良いところを認め、励ますことによって、相手の中に眠っている良いものを引き出す手助けができるのです。このような励ましは、非難や否定的なことを強調するよりも、はるかに勝っているでしょう。

また良い関係にある夫婦は、お互いに相手の上に立とうとしないものです。自分は相手に勝る者ではありません。自分も相手と同じように、赦(ゆる)しなしには生きられない存在に過ぎないのです。そのように赦しによって生かされている者として、私たちは相手の過去の過ちを何度も引っ張り出すことをやめて、これからは心から相手を赦そうとするのです。

このように夫婦が互いに相手を支持するなら、そこにはごく自然と補い合う関係が生まれるでしょう。一方に欠けているものを他方が補うのです。夫婦のどちらが優れているかを示そうと競い合うのではなく、相手がその使命に従って生きられるように配慮し合うということが重要です。結婚相手を自分の目的のために利用するだけなら、いずれ二人の関係が崩壊したとしても驚くには及ばないでしょう。

さらに良い夫婦関係において大切なのは、夫と妻が一体であっても、それぞれ一人の人間として個性を放棄したり失ったりしないということです。そして自分のさまざまな必要を、「夫婦」という枠組みの中でとらえ、自分の欲求よりも夫婦としての一致をまず優先させていくような共存関係が求められているのです。

ところがこの「補い合う関係」を、相手に従属することであるかのように誤って解釈しているケースがしばしば見られます。特にクリスチャンの間では、「妻たちよ。主に従うように、自分の夫に従いなさい。キリストが教会のかしらであり、ご自分がそのからだの救い主であるように、夫は妻のかしらなのです」（エペソ五・二二、二三）という聖書のみことばに基づいて、妻よりはるかに勝る「かしら」という役割を夫に与えるため、夫への服従という点だけが好んで取り上げられる傾向があるようです。しかし「従う」ということは、ただ一方の犠牲のもとに要求されるべきものではありません。むしろそれは、二人の心のあり方から自然と生まれてくるものではないでしょうか。

良い関係にある夫婦は、相手の欠点をあれこれと改善しようとせず、そのまま相手を受け入れようとします。互いに受け入れ合う関係です。相手に変わることを期待しながら、自分の過ちを認めようとしないなら、どうして二人の関係が健全に育っていくことが望めるでしょうか。自分にできないことを相手に要求することはできないのです。

しかし「自分が相手から受け入れられている」と知っているなら、私たちはもはや自己弁護のために自分の力を使い果たす必要はありません。不安におびえながら、自分の良いイメージにしがみつく必要もないのです。このように自分が受け入れられていることを知っている人は、自らの弱さをさらけ出せるようになるものです。それによって相手の信頼や好意を失うことを恐れなくてよいのです。それでもなお、「自分は愛されている」と確信できるからです。

さらに良い関係にある夫婦は、自分の権利を主張しようとはせず、互いに譲り合うよう心しているものです。残念なことに、自らの姿を顧みることもなく、それぞれが執拗なまでに自分の権利にしがみついている夫婦をしばしば見受けることがあります。当然、そのような夫婦には争いや不和が絶えません。

最後に、良い関係にある夫妻は二人だけの時間を大切にしています。一、緒、に、時、を、過、ご、す、のです。中には、片時も子どものそばを離れられないと考えている親、特に母親たちがいるようですが、子どもたちの健全な発達のためには、両親が二人だけの時間をもつことがとても大切です。子どもが誕生したとたんに、夫が妻から退けられたように感じて、妻の愛情を勝ち取るために子どもと競争するようになるケースは決して珍しくありません。もし夫がそのような原因でふさぎ込んでいたり、いらだっているのを感じたなら、妻はどんなに忙しくても、人生において第一の地位を占めているのは、子どもではなく夫であると示すことは助けとなるでしょう。妻から愛されていると知っている夫は、妻の愛情をもはや十分に信じられない夫に比べて、より困難やストレスに耐え得る力をもつものです。妻の愛情がよく感じられるなら、夫も家事や子育てにむしろ喜んで協力してくれるようになることでしょう。

同様に妻がもっとも大切な存在であることを、夫も示す必要があります。もし夫が、妻と過ごすよりも多くの時間を趣味に費したり、あるいは仕事の予定を家庭より優先させているなら、妻が「自分は顧みられていない」と感じても無理はありません。そのような妻は、しだいに夫に怒りをもって接するようになり、何らかの方法で夫の注意を引こうとするものです。

このように、夫婦関係がいずれかの点でうまくいっていないなら、その影響は家庭全体に及んでしまいます。妻自身が幸せではなく、夫から理解されていないと感じているなら、どうして子どもたちのさまざまな必要に応えることができるでしょう。自分の問題すら手に負えないのに、子どもの問題を解決する力がどこにあるでしょうか。確かにそのようにストレスを抱えた妻たちは、多くの場合、いらいらした態度をとりやすく、不必要にけんか腰になりやすいものです。このように妻が幸せでなければ、その不満は子どもたちに伝染してしまいます。その結果、子どもたちも幸せではなくなり、攻撃的になりやすくなってしまうのです。

しかしその反対に、自分の父親と母親の関係が健全で確かなものであるなら、子どもたちは何と恵まれていることでしょう。両親の元で安心できることをその子たちは知っています。このように両親から愛され、認められていることを知っている子どもたちは幸せです。そのような子どもたちは、両親の愛情や評価を受けるためにつねに戦わなくてはならなかった子どもたちに比べて、お互いにより良い人間関係を築いていけるのです。

ですから、自分の子どもたちに将来、周囲の人々や社会に対して、より肯定的な態度を取れるようになってほしいと願うならば、まず両親自身が互いに愛情あふれる関係を築くことが何よりも大きな助けとなります。両親が愛し合いつつともに生きる姿は、子どもたちのたましいに深く刻まれるモデルとなるのです。そのような両親の姿を、子どもたちは後に自分自身の人生の規範としていくことでしょう。

今日、いたるところで関係が崩壊してしまった夫婦を目にするとき、「強い絆で結ばれた夫婦など、一体どこに存在しているのだろう」という思いが私たちの心をかすめるかもしれません。確かに夫婦関係が崩壊し、カウンセリングを求めて来られるケースはますます増えています。

では、このような夫婦の問題はどうして起こるのでしょうか。生まれ育った家庭で、人の話に耳を傾けたり、相手の立場に立って考えることをほとんど学ばなかったためでしょうか。それとも相手のために自制したり、相手を尊重して自分が譲ったり、身を引いたりすることを学ばなかったことが問題の原因なのでしょうか。

実は夫婦関係の問題は非常に多くの割合で、「夫も妻も、それぞれ自分の立場からだけ物事を見ている」ことに原因があるのです。そのために、相手が自分とは違った前提に立って考えているかもしれないことや、それによって自分とは違った判断をしているかもしれないことを、私たちはいつのまにかすっかり忘れてしまっているのです。

6　神は人を男と女に創造された

今日でもなお、男性と女性の間に違いがあることに激しく異論を唱える人々はいることでしょう。しかし人としての尊厳は別として、男女間の違いはすでに誰の目にも明らかではないでしょうか。

では、このような男女の違いはどこから生まれてくるのでしょう。人が自然と自分の性にふさわしく行動しているのは、ごく幼少から「男性」や「女性」というそれぞれの型にはめられてきたことだけによるのでしょうか。それともあらかじめ生物学的に人間に備わっているものなのでしょうか。(注H)

体の構造の違いを見ると、明らかに男性と女性とでは、それぞれ異なった課題に取り組むよう計画されていたと想定されます。男性と女性にはそのような身体的な違いが見られるだけではなく、その行動の仕方においてもはっきりとした違いが認められます。

どこの家庭でも見られそうな一つの例をあげてみましょう。夫婦が車で移動中、道に迷ってしまいました。このような状況だけでも気まずくなりますが、そのようなとき、妻はすぐ通りがかりの人に道を尋ねるよう夫に助言します。ところがその妻の言葉も無視して、夫はひたすら車を走らせ続けるのです。そのような夫の行動が妻にはさっぱり理解できません。「すぐに道を尋ねさえすればいいのに、なぜ？」。一方、夫も、これほど懸命に道を探し続けている自分の努力を、なぜ妻が認めてくれないのかわからないのです。

人間はもちろん、それぞれ独立した存在として一人で生きていくこともできるでしょう。しかし実際には、他の人に補われて初めて、私たちは自分の能力を存分に発揮できると言えるのではないでしょうか。

確かに男性にしかできない、過酷な肉体労働を難なくこなせるような、自覚的にもほとんど男性のような女性も存在します。一方、家にいて台所仕事を引き受けることに最大の喜びを感じるような女性的な男性がいることも事実です。しかし私たちの見たところ、どちらかと言えばそれらは例外と思われます。

では一部の女性たちは、なぜ「弱い性」として見られることに非常に激しく抵抗するのでしょうか。男性が自分たちの上に立つことを恐れているのかもしれません。しかしどちらの性が優っているかという議論を待たずに、日常の中にもっと男性が女性をごく自然にいたわる場面があってもよいのではないでしょうか。例えば、家庭で妻に代わって夫が重い荷物を持ったり、台所の後片づけを夫も一緒に手伝うなどといった日常における何気ない心遣いです。そうすることは女性を蔑視しているのではなく、むしろ大切にしていることの表れです。こうして夫から尊敬を受けている妻は、女性としての特性をまったく違ったやり方で伸ばしていけるのです。このような気持ちの良い礼儀を、女性蔑視を理由に放棄する必要があるのでしょうか。

夫や妻が、それぞれ自分の個性というものを肯定的に受け入れていればいるほど、二人の関係はリラックスしたものとなります。このように、お互いの個性を考慮に入れることがとても大切です。すでに述べたように、夫婦間の争いは多くの場合、双方が自分の見方にだけとらわれてしまって、相手の見方を理解しようとしないことから生じているからです。

しかし男性と女性とでは、考えの出発点が違うだけではなく、その目標設定にもしばしば明確な違いが見られます。それぞれ私たちはどのような優先順位をもっているでしょうか。

一般的に男性の場合、有形で物質的なものがより大きな意味をもっているようです。それに対して、女性にとっては周囲の人間関係のほうがずっと重要な意味をもっていることが多いでしょう。また男性は女性に比べて、問題に対してより客観的になれるようですが、女性は自分の考えや気持ちを切り替えるのに比較的、多くの時間を要するようです。

これらは紋切型の表現となってしまったかもしれませんが、多くの方々に同意していただけるのではないかと思います。良い夫婦関係のためには、このような男女間の違いに配慮することが大切です。私たちはしばしば、「相手も自分と同じように考えるに違いない」ということを前提にしてしまいがちです。しかしそれは、相手に過大な要求をしてしまうことになります。自分がどのような考えに基づいて判断し、行動しているかを、言葉ではっきりと伝えないなら、どのようにして相手はそれを知ることができるでしょうか。ですから夫婦関係においても、自分の考えを相手にわかりやすく伝え合うことがとても重要なのです。

このように自分が感じたことをお互いに分かち合ったり、相手に心を開くことは、夫婦のコミュニケーションをより良くするために大きな助けとなるでしょう。実際に、相手がどのように考えていたかを聞いてみるときに、私たちはこれまで知らなかった相手の新たな面を再発見して、驚きや喜びを感じるのではないでしょうか。こうして二人の関係はさらに豊かなものとなっていくのです。これと同様なことが、夫婦の性的な領域についても言えるでしょう。

では自分が傷ついたように感じたとき、私たちはどうすればよいでしょうか。確かに傷ついたことを相手に打ち明けることは容易ではないでしょう。特に男性はこの領域において大きな困難を感じるものです。男性として「強くて負けない英雄」というイメージを壊したくないのかもしれません。たいてい男性は、女性の目に弱く映ることを好まないものです。夫はさらに傷つくことを恐れているのかもしれません。と言うのも、妻に弱さを見せてしまったらつけ込まれると思うからです。実はこのように強がることによって、夫は知らないうちに妻を傷つけていることがあります。しかしそのような強い態度が、妻をどれほど傷つけているかを知るなら、夫もこれまでとは違った接し方ができるでしょう。もちろん初めからうまくはいかないかもしれません。しかし心すれば、次第に妻に対して、より正直で自然な態度が取れるようになれます。妻から本当に愛されていると知っているなら、夫も自分の弱さをずっと認めやすくなるでしょう。

とは言っても、夫婦関係にはどこまで行っても衝突がつきものです。しかし衝突が起こること自体が本質的な問題ではないのです。大切なことは、二人がそれにどのように対処していくかということです。それらの衝突を重く見過ぎてしまうか、あるいはことさらに軽視してしまうか、それとも客観的に問題を解決していこうとするかといった対処の仕方が重要なのです。実際のところ、このような夫婦間の衝突は、夫婦の関係をきよめ、お互いに多くのことを学ぶ機会を私たちに与えてくれるものでしょう。それらは「男性」、「女性」という本来の性質を磨き上げ、よりいっそう際立たせる砥石（といし）のような役割を果たしているのです。

しかし夫婦がともに、もはや自分たちだけでは問題を解決できないと感じた場合には、カウンセラーなどから助言を受ける必要があるでしょう。第三者は行き詰まった関係の原因を、比較的見つけ出しやすい立場にあります。本人にとっては取るに足らない行動が、何年もの間には、相手にとって耐え難い重荷となっているケースもしばしば見られます。そのような場合、相手から指摘を受けても、当の本人にはまったく自覚がないことも多いものです。それどころか、それに対して反発さえ感じるかもしれません。しかし第三者の助けを受けることによって、これまで問題を起こしてきた行動が明らかにされるなら、自分の姿をまるで鏡に映すように見やすくなるのです。このように適切な助言を与えてくれる人を交えることによって、二人の会話が導かれ、問題を生み出している原因を、より良く発見できるようになることがよくあります。

夫婦間の衝突は、日常におけるほんの些細な出来事から始まることが多いのではないでしょうか。

ある朝、夫が決まった時間に帰宅すると約束して家を出たとします。妻はそのつもりで夕食の準備をして待っていました。ところが約束の時間が過ぎても、一向に夫が帰って来る気配はありません。こうしてひたすら待ち続けているうちに、妻のいらだちは次第に大きくなっていくのです――。

この場合、衝突はとても簡単に避けられたはずでした。夫がちょっと連絡を入れて、約束した時間に帰宅できない理由を妻に伝えればそれで良かったのです。電話一本でもすんだでしょう。夫は確かに事情があって約束を守れなかったかもしれません。しかしそれを前もって、妻に知らせることはできたはずです。ここに解決があるのです。もし本当に急な理由でどうしても連絡できなかった場合には、夫は後で少し気を利かせて妻を喜ばせて、仕事よりも妻のことを大切に思っている気持ちを伝えるとよいでしょう。それ以上のことを妻は求めてはいません。妻も、自分が夫にとって大切な存在であると知っているなら、夫を支えるためにできる限りのことをしようとするでしょう。

しかし妻もまた、夫婦間の衝突を通して自分のあり方について学んだり、日頃の振る舞いを振り返って、自らの行動を修正できます。一般的に女性は、「夫はこうあるべきだ」とか、「夫はこのように行動すべきだ」という固定観念をもちやすいようです。あるがままに受け入れる代わりに、自分の思い描く理想像によって夫を評価してしまいがちなのです。しかし妻が、相手を自分の理想どおりの夫にしようと事細かに批判することを本当にやめるなら、夫はむしろ妻の願いをできる限り叶えようとするでしょう。ところが残念なことに、夫に対する妻の不平不満がその可能性を閉ざしてしまうのです。

これまで私は仕事柄、行き詰まった夫婦関係を毎日のように目にしてきました。そのような夫婦は、たいていお互いに心を堅く閉ざしています。厳しく裁き合うその姿を前にするとき、二人の間には、もはや架け橋など存在し得ないという印象さえ受けます。二人はそのような架け橋を探そうとはしませんし、そもそものような橋を渡ろうともしないでしょう。夫婦ともに自分たちの問題にかかり切りになっていて、病んだ夫婦関係が子どもたちに及ぼす影響に考えが及ばない場合がほとんどです。この争いに満ちた家庭において、子どもたちは一体、どのような行動の仕方を身につけていくのでしょうか。

注H——性同一性障害について

創世記一章二七節には、「神は人を男と女に創造された」と記されています。これは明らかに二八節に続くように、地を治める前提として子孫を増やす目的で語られた神の言葉であることがわかります。

大部分の人にとっては自分の生物学的な性と心理的な性の自己意識は一致していますが、一部には自分の生物学的な性にそぐわない精神的な性の自己意識をもつ人たち（たとえば、同性愛や、男性の殻の中に閉じ込められた女性だという意識、またその真反対の意識をもつ人たち）もいるのです。医学的には、胎児の脳の発達段階に起こった何らかの異変（遺伝子や母体のホルモン）と、誕生後の発達及び成長段階で環境が及ぼす影響などが複雑に絡みあって独特な神経繊維の回路が出来上がり、それが思考回路、情緒の回路及び行動のパターンへと結びついていくことが想定されていますが、これという決め手になるものはまだ解明されていません。

このようなことが起こることをなぜ神は黙って見ておられるのでしょうか。私はカウンセリングの場でこの質問に何度も直面しました。しかし、誰にも当てはまる納得のいく答えがないことは、ほとんどの場合、この質問をする本人が誰よりもよくわきまえていました。

しかし、私が忘れることができないある逸話があります。性同一性障害が話題に上るようになる何年も前のことですが、ある中年の実業家が私を訪れました。ここではカールと呼ばせてもらいます。外面的には仕事もうまくいき、申し分のない家庭をもった人物でした。ところがカールが言うのに、「私はキリスト教の信者です。先生が信者であることを聞いて今日ここに来ました。ご覧のように私は社会では成功した実業家として通っています。しかし、私には誰にも話せない悩みがあるのです」。彼は、子どものころから男の外見に閉じ込められた女だという意識をもって生きてきたと言うのです。仕事上の苦労のかたわら、自分の内面の苦悩との戦いがいかに彼の霊的な生活を築き上げていったかということも詳しく話してくれました。私には答えはありませんでしたが、専門家の立場から脳の機能のメカニズムについて話すと、「わかりました。問題は私という人物にあるのではなく、私の神経線維の回路にあるということなのですね。それなら、私はこれを自分に与えられた十字架として受け入れます。私はキリストに従いたいのです」と解放感をもって答えたのです。

パウロがローマ人への手紙七章に記している霊と肉の葛藤は、まさにカールの葛藤そのものでした。しかし、「だれでもわたしについて来たいと思うなら、自分を捨て、自分の十字架を負って、わたしに従って来なさい。自分のいのちを救おうと思う者はそれを失い、わたしのためにいのちを失う者はそれを見出すのです」という一見厳しい響きをもったマタイの福音書一六章二四、二五節のイエス様の招きのみことばは、彼の心には救いの福音として入っていったのです。

7　「理想的と思われる家庭」と「問題の起こりそうな家庭」の典型的特徴

ここでもう一度「理想的と思われる家庭」と「問題の起こりそうな家庭」の特徴を比較してみると、次のような対比が見られます。これらはあくまでも理論的な対照であって、現実にはほとんどの家庭はこの両極の間にあることでしょう。

〈理想的と思われる家庭〉	〈問題の起こりそうな家庭〉
個性が尊重されている	個性が抑圧されている

個人の自由が保障される

それぞれ家族から受け入れられている

開放的な雰囲気

互いに配慮し合う

正直なコミュニケーション

家庭生活に一体感とまとまり

互いに励まし合う

ともに過ごす時間を作る

自由の境界線は不明

功績なしに家族から認められない

緊張した雰囲気

自分のことにだけに集中

不明瞭なコミュニケーション

家族がばらばらに生活

互いにやる気を失わせる

家族のことが視野にない

過ちを赦し合う　　　　過ちを責任転嫁し合う

次にうまくいっている夫婦関係と、そうでない夫婦関係を対比させてみると、ここでもさまざまな違いを見いだすことができます。先ほどの家庭と同様、実際の夫婦関係もほとんどこの両極の間にあると言えるでしょう。

〈理想的と思われる夫婦関係〉	**〈問題の起こりそうな夫婦関係〉**
絆で結ばれた関係	いつでも解除できる関係
互いに責任を負っている	それぞれが自分の利益を追求している
率直なコミュニケーション	不透明なコミュニケーション
問題に取り組む	問題を隠そうとする
夫と妻が補い合う関係	夫と妻が対立する関係

過ちを赦し合う	過ちを責任転嫁し合う
それぞれが言ったことは守る	言葉は信用できない
それぞれが自分の限界を認める	自分以上の者のように振る舞う

8　役割行動[11]

家庭の中では、家族の一人ひとりに立場が与えられています。まず父親の立場、母親の立場があり、そして最初に生まれた子ども、二番目の子ども、三番目の子ども、末っ子などの立場があります。どの立場も、それにふさわしい一定の役割と結びついており、それぞれがその役割に応じて行動することが期待されているのです。

もちろんそこには、父親や母親という役割があるだけではありません。子どもたちもまた、与えられた役割に応じて典型的な行動を取っています。この「役割行動」は、もともと生存欲求から生まれてくると考えられています。というのも、私たちは誰しも「家族の一員でありたい」という願いをもっているからです。これまで見てきたように、人との絆を求めようとするこの欲求は、純粋に生物特有のものだと言えるでしょう。

農家で見られるこのような光景が、そのもっともわかりやすい例ではないでしょうか。まだ小さな子豚たちが母豚の乳房にありつこうと、転がりぶつかり合いながら争っています。そのようすを観察したことのある人なら、どの子豚もそれぞれ縄張りを主張するために、空いた場所を次々と獲得していく原則があることを理解できるでしょう。

このように人間も家庭システムの中で、それぞれの役割によって確固たる立場を獲得します。さらにこの役割行動は、家庭内の精神的安定を保つためにも役立っているのです。こうして私たちは自分に与えられた役割行動というものを、絶えず繰り返しながら学習し、最終的には自分自身の性格の一部にしていきます。

ここでは、よく知られている四人兄弟の役割を取り上げてみましょう。

まず「最初に生まれた子ども」です。この子たちは、その家庭にとって看板的存在であることが多いもので、家のヒーローであることも珍しくありません。そのためその子たちは、まるで自分が王座についた小さな王子か王女のように感じており、世界が自分の足下にあるような感覚を抱いていることさえあります。両親にとって「特別な子ども」であって、家庭のスターでもあります。このような子どもたちには多くの場合、よく気がつき、勤勉でつねに全員の期待に沿おうと努める傾向が見られるものです。

ところがまもなく、その下に弟か妹が生まれると、最初に生まれた子どもたちは、その王座から追い出されそうになります。するとその「王子」や「王女」は、自分の立場を失うまいと戦おうとします。確かにこの子たちの立場は、必ずしも居心地の良いものとは言えないでしょう。もちろん親から特別に認められますが、同時にその背後には、「認めてもらうには何かしなくてはならない」という感情が潜んでいることが多く、そのため心に恐れが生じてしまうのです。「自分は十分ではないかもしれない」という恐れです。やがてその恐れは罪責感に移行し、その子をさらに大きな成果へと駆り立てていきます。そして後に、そのような恐れは強迫観念になり得るのです。

次に「二番目の子ども」です。残念ながらこの子のすることは、両親にとって何一つ目新しくありません。そのため親からは、最初に生まれた子どもほど興味や関心をもってもらえないことが多いものです。上にはすでに兄か姉がいるので、この子はどんなに頑張っても追いつけません。いつも誰かが一歩先を行っているのです。このように二番目の子どもは、すでに「特別な子ども」という役割がふさがっているため、家族全員から受け入れてもらえる役割が空いていないか探します。他のライバルと分け合うことなく、自分に特別な地位を与えてくれるような立場を得ようとするのです。そこでその子たちは「自分が一番小さい」という利点があることに気づいて、その立場を満喫しようとします。するとそれを見た上の子どもが、急に「赤ちゃん返り」をすることも珍しくありません。ふたたび「おねしょ」をし始めてみたり、赤ちゃんのような言葉で話し始めたりするのです。

そこに「三番目の子ども」が生まれます。すると二番目の子どもは、自分が「一番小さい」ということでようやく手に入れた特権を、早くも新しい兄弟に譲らなくてはならなくなります。そうなると、その子には他にどんな役割が残されているでしょうか。状況によって、それは「スケープゴート」と呼ばれる「犠牲者」のような役割かもしれません。最初のうち、その子はひたすら兄の後を追いかけたり、より才能あふれる姉と肩を並べようとして頑張ってみましたが、どれもうまくいきませんでした。するとその子は、自分に価値を認める感情をひどく傷つけられてしまい、「自分は人より劣っていて決して十分ではない」と感じてしまいます。すると心の傷の代償として、その子は家族の中に入り込めるほかの隙間を探し求めるのです。自分と同じように、家族の皆から下に見られ、劣等感を抱きがちな一方の親と仲間になるかもしれません。あるいはこっそり仕返しをしては、家族が驚いたり困ったりする姿に喜びを感じることもあるかもしれません。こうしてその子は、ようやく自分の居場所を見いだします。家族全員の身代わりとして、いつでも「悪い子、問題のある子」として皆から罰を受けるような役割を引き受けたのです。何をやってもだめで、家族に恥ばかりかかせる反抗的な子ども——これが他の人から割り当てられた役割、あるいは自分で選んだスケープゴートとしての役割でした。

一方、「三番目の子ども」はしばしば「失われた子ども」という役割を担います。このような子どもは、家族からまるでそこにいないかのように見過ごされてしまいがちです。その子たちは何も言わず黙って皆について来るし、何の問題もないので、両親はほとんど面倒を見る必要がありません。おかげで親はもっと注意が必要で、より時間を取られる子どもたちに手をかけられるのです。しかし、このように、親に何の世話もかけない子どもたちは孤独です。その子たちは後になって、ある種の人見知りをするようになるケースが珍しくありません。つねに兄弟の陰に隠れていて衝突を解決する術を学ばなかったので、自分で問題を克服する力が十分に育たなかったと思われます。

さらに「末っ子」という役割もあります。その子は一番年下で、他の兄弟たちよりずっと後に生まれた子どもかもしれません。この子たちは、たいてい皆の人気者であることが多いでしょう。自分でもその特別な地位を満喫します。確かに「末っ子」という特権は、多くの恵みをもたらしてくれますが、それと同時にその子たちは、「自分は対等でない」と感じてしまうことが多いものです。周りを見れば、兄や姉たちはいつでもはるか先を行っており、決して追いつくことはできません。たとえ何をしてみても、自分がやることはすべて兄弟たちがとうの昔にやったことに過ぎません。この経験は二番目の子どもと同じものです。こうして末っ子は、やっと「家族のマスコット」という居場所を見つけ出します。しかしこの立場は、ある面、非常に心地良いものですが、その反面、フラストレーションに陥りやすいものでもあります。こうしてまもなくこの子たちは、ただ「小さい」とか「可愛い」ということに満足できなくなるのです。いつの日にか、甘えん坊だった末っ子も成長して大人になるでしょう。ところがたとえ四十歳になったとしても、自分にはいまだに「末っ子」というラベルが貼られたままなのです。そのため、この役割を負った人には、年齢とともに成長しきれなかったある種の未熟さが残る可能性があります。

もちろんここで述べてきたことが、すべて型にはまったようになるというわけではありません。しかしこれと似たようなケースが実際によく見られるのも事実です。

さらに兄弟間の役割というものは、時とともに新たに振り分けられる場合もあります。例えば一番上の子どもが家を出たら、次の子どもがその立場を受け継ぐというような場合です。ところが祝い事か何かで家族全員が集まった途端に、皆がかつての自分の役割をそのまま引き受け、昔とまったく同じように振る舞い出す姿は、見ているととても興味深いものです。

ある日、大変成功している中年の実業家が、私の診察室を訪ねて来られました。この男性は、兄弟たちよりずっと年が離れた末っ子として育ったのですが、非常につらい子ども時代を経験したというのです。その人にとって、兄や姉たちはいつでもはるか先を行っていて、決して追いつくことはできませんでした。そのため、その人はいつまでたっても家族の中で、「かわいいおちびちゃん」のままだったのです。さらに彼は言葉を続けました。月日は流れ、四十歳となったときのことでした。誕生パーティーを開くことにした男性は、兄弟全員を招待したそうです。そのころ、すでに実業家として大きな成功を収めていたので、これでようやく家族から一人前として認めてもらえると、彼は期待に胸を膨らませていました。ところがパーティーの日、最初の挨拶がすむやいなや、兄弟たちはそれぞれ昔ながらの役割をそっくりそのまま演じ始めたのです。この男性はそこでは相変わらず、皆から「おちびちゃん」として扱われたのでした。

人はこの話を聞いて笑うかもしれません。しかしそれは当の本人にとっては、打ちのめされるような判決が下ったも同然でした。男性はこうつけ加えました。「たとえどんなことをしようと、私はいつまでたっても皆から見下げられ、取り合ってもらえないような小さな子どもに過ぎないのです」。このような状況では、この人の演じてきた古い役割を訂正することは決して容易ではありません。あえてそうするなら、家族関係全体に混乱を来してしまうからです。

少し話をしてみると、その人が家族の中でどのような役割を演じてきたかをかなり正確に知ることができます。兄弟の中で一番年上として皆をまとめてきた人は、責任感が強く、年齢を重ねても「最年長者」という役割から離れられないものです。そのため家を離れた後も、何かあるとすぐに兄弟間の連絡を取ったり、親や兄弟のことでもすぐに責任を感じてしまう傾向があります。また真ん中の兄弟として、皆とうまくつき合わなければならなかった人は、後になっても、できる限り物議をかもさないような目立たない行動を取りがちです。かつて「憎まれ役」というスケープゴートの役割を担った人が、後にどこでも騒ぎを起こすケースもよく見られるものです。

しかしいつしか、長年、自分が背負ってきたこれらの古い役割から意識的に離れたいと願うときがくるのではないでしょうか。「問題があれば何でも抱え込み、いつでもどこでも自分が責任を取らなければ、と感じるのはもうたくさんだ」と思う人もいるでしょう。「皆の代わりにつねに罰を受けるような悪者の役割は、もう演じたくない」と願う人もいます。「これまでのように、人の陰に隠れるような生き方はもう御免だ」と思う人もいるでしょうし、「自分はいつまでも、小さくて無邪気な人気者ではない」と感じる人もいるでしょう。このように、小さいころから自分を支配してきた古い役割行動をこれ以上、繰り返したくはないと願うときが私たちにはあります。ところがここにまた、新たな危険が待ち受けているのです。

ある人は子どものころ、とても厳格な父親の元で苦しむという経験をしました。するとそのような人は、今度こそ厳格な父親像から自由になろうと、父親に同調することを拒んで、これからは自分が主張しようと決心するのです。いつも人の後ろに隠れていた人は、そこから抜け出して皆の注目を集めたいと願うかもしれません。しかし実はその背後に、失われた子ども時代を取り戻さなくてはならないという焦りがあるのです。いつも貧乏くじを引く悪者という役割をずっと背負ってきた人は、いつかこう思うようになるでしょう。「自分はいつも人の言いなりになってきた。でもこれからは自分が人を支配する」。そしてその古い役割が転じて、かつての犠牲者が圧制者となるのです。しかしスケープゴートの原則は変わりません。こうしてその人は、さらに新たな犠牲者を作り出してしまいます。

役割行動は本来、環境に順応しようとする欲求から生まれるものと考えられています。したがって、これらの行動は積極的な行動というより、むしろ周囲に順応するための反応だと言えます。このことを意識できるようになると、私たちは自分自身の役割を新たに捉え直すことができるのです。私たちが最終的に目指すところは「成熟した人格」です。

たとえ昔の役割が、性格にある一定の痕跡を残していたとしても、その人が小さいころから慣れ親しんだ役割を別の視点から理解できずにいるという訳では決してありません。自分の役割を新たに理解し直すことによって、その人は成熟した一人の人間として、もはや他の人の反応に左右されたり、つねに人から受け入れられたいと願うこともなくなるでしょう。むしろこれからは、家庭や社会が少しでも良くなるために、自から進んで貢献できるようになれるのです。


生まれ育った家庭において、私たちは生存競争の本能に駆られるようにして、自分に居場所を与えてくれる「役割」を選び、その役割を知らず知らずのうちにずっと続けてきました。しかし今一度、自分の役割を理解し直すことによって、これから新たな立場を得られるようになるでしょう。もちろん人は、たった一人で孤独に生きていけない存在です。帰属意識を必要とするため、人とのつながりは欠かせませんが、これまでのように人間関係に依存するような生き方はしなくなるので、私たちの生きる世界は大きく広がるのです。

決められた役割に縛りつけられるところでは、必ず問題が生じます。人は成熟し、自立して初めて健全な意味で一人の人として他者と交わりをもてるようになるのです。

子どものときに請け負った役割は、確かに私たちの性格の一部になったかもしれません。しかしその役割を、私たちは新たに定義し直すことができるのです。

「私は、幼子であったときには、幼子として話し、幼子として思い、幼子として考えましたが、大人になったとき、幼子のことはやめました」（Ｉコリント一三・一一）とパウロは書いています。このことは、私たちの過去の役割にも言えるのではないでしょうか。私たちはもはや子どもではないのです。位置関係を決して変えない天体のような家族関係の中に、私たちはいつまでも存在しているわけではありません。もちろん年齢も重ねてきました。これまでのように、家族の間のほころびを何もかも繕い、すべての責任を担っている「特別な子ども」でいる必要はもうないのです。家族の調和を保つために、スケープゴートとして悪者の役割を演じることもありません。皆を楽しませるために、ずっと道化師の役回りをする必要がどこにあるでしょうか。人目につかない小さな壁の花にとどまっていなくてもよいのです。

現実には百人百様の家族関係があって、これらのことは杓子定規に解決できる問題ではありません。しかし、少なくともこの問題に気がついた一個人の役割行動が大人としてふさわしい行動に変わってくると、最初は他のメンバーも違和感をもちながらも、いつのまにかそれに合わせるようになるものです。そして、そこから新しい関係が生まれてくることでしょう。

このように私たちは誰でも皆、自由であって良いのです。そしてこの自由のゆえに真に自分自身であって良いのです。

9　役割行動と結婚

子どものときからずっと第一子として、「長男」や「長女」としての役割を果たしてきた人が、同じように第一子として育った人と結婚した場合、どのようなことが起こるでしょうか。このようなケースは、必然的に問題を生み出すことが多いものです。夫と妻の双方が、それまでのような役割を続けることはできません。どちらかが退かなくてはならないのです。

何年も前から、私は医療活動の九割以上を結婚カウンセリングに当てています。その場合、まずご夫婦のどちらかが、何らかの心身の苦しみのために診療室を訪ねて来られます。そのつらい状況を詳しく伺っていると、非常に多くの場合、根底にまだ解決されていない葛藤や、当事者にはどうしようもない問題が存在しているものです。そしてほとんどのケースにおいて、問題は本人が簡単には離れることのできない難しい人間関係にあります。

一つの例を取り上げて説明したいと思います。カーリンという女性の例です。

カーリンの父親が事故のためにこの世を去ったとき、彼女はまだ六歳でした。父の亡きあと、今度は母親が重い心の病を抱えるようになりました。カーリンはその母親までも失うことを恐れて、それからというものつねに母親の幸せを願い、母親を喜ばせることや家庭の安定だけを考えて生きるようになりました。やがて彼女はペーターという男性と結婚しました。その結婚によって、自分の人生に新しい意味が与えられ、これまでの数々の問題を忘れられると希望を抱いたのです。ところが期待とは裏腹に、結婚によって問題はますます大きくなるばかりでした。当初、カーリンは、夫の変化を期待しました。ところが夫が変わることはありませんでした。そこで間違った相手と結婚してしまったと結論づけた彼女は、「自分たちはもう決してうまくはいかない」と思うようになったのです。

一方、夫のペーターも私のカウンセリングに訪れ、自分の人生や子ども時代について話してくれました。「私は小さいころから、いつも拒否されることを恐れてきました。自分はつねに何をしたって決して十分ではありませんでした」。さらに話を聞いてみたところ、ペーターの父親は、息子が医者になることを当然のように信じていたことがわかりました。

そのため彼がビジネスマンになるという道を選んだとき、父親は大変がっかりしたそうです。一方、弟は弁護士になったのですが、まだそのほうが父親の期待に沿っていました。

その後、ペーターはカーリンと結婚することになりました。子どものころから負わされた重荷から、これでようやく解放されることを彼は期待したのです。ところが実際には、「自分は妻の期待にさえも応えられない」という印象を受けました。自分のすることは妻にとって、何一つ十分ではありませんでした。いや、すべてが不十分だったのです。

こうしてペーターはふたたび敗北者のように感じて、次第に自分の殻に閉じこもるようになっていきました。そしてついに、妻にさえも心を閉ざすようになったのです。しかしそれで二人の葛藤が解決することはありませんでした。妻の不満はいよいよふくれ上がり、その口から浴びせられる激しい非難や不平は、ペーターにとって耐え難いものとなっていきました。

「これ以上、一緒にいたって意味なんかないわ!」。これが、妻が最後に下した結論でした。しかし最終的な決裂に至る前に一応、念のためにカウンセリングを受けることにした二人は、こうして私の診療室を訪れたのです。

ここでは、第一子として生まれ、長男、長女という典型的な役割を演じてきた者同士が出会いました。カーリンは何でもできる気の利いた長女として、もてはやされて育ちました。またつねに責任を感じていたので、家庭にどこかほころびが生じたとわかれば、いつでもそれを繕ってきました。それが昔からの役割でしたし、彼女も精一杯、その役割を演じてきたのです。しかしその心には、どうしても満たされない空しさが残っていました。そこで結婚すれば、相手が自分の人生に新たな充実と意味を与えてくれるだろうと期待して、ペーターと結婚したのです。ところが新たな人間関係に、自分がそのまま過去の問題をもち込んでいたことに彼女は気づいていませんでした。これまでの役割に従ってすべてを手中に収めようとし、弱い立場にある夫さえも操ろうとしていたことを彼女はまったく意識してはいませんでした。こうしてただでさえ生まれてこの方、心に深く根を下ろす劣等感と戦い続けてきた相手に対して、事実上、夫として無能であると宣告したのです。

夫のペーターも長男として生まれ、「何か特別な成果を上げなければならない」という感情に絶えず悩まされ続けてきました。父親はそんな彼の目の前で、他の人のほうがずっと優れているというそぶりを十分過ぎるほどしたのです。こうしてペーターの心には子どものときから、「自分は何か成果を上げれば認めてもらえる」というモットーが深く刻み込まれていきました。父に少しでも認めてもらえればと悪戦苦闘を続けましたが、弁護士となった弟のほうが父の目には優っていることをついに認めなくてはなりませんでした。

それ以来、ペーターはすっかり自分を「役立たず者」と感じるようになったのです。しかし、カーリンだけは自分を認めてくれるだろうと望みを抱いて彼は結婚しました。ところが、そこで味わわなくてはならなかったのは、妻からも完全に脇に押しのけられ、何もかも牛耳(ぎゅうじ)られて、夫としての主導権さえ奪い取られるという惨めな現実でした。もはや彼にとって、妻の元で生きていける余地は残されていませんでした。こうして結婚生活に何の飛躍も発展も望めないと知ったペーターは、結局、敗北者として自分の昔の役割を再び続けたのです。

しかし、相手がどのような家庭に生まれ育ったのかということに改めて目を向けたとき、初めてお互いの必要を深く理解し合い、歩み寄ることができるようになりました。それに伴って、二人とも自分自身をさらに深く知ることができたのです。こうして二人はこれまでの自らの行動を見直すようになりました。お互いに、それぞれがたどってきた「過去」という視点から相手のことを理解しようと心がけたのです。ここに解決がありました。

このような夫婦間の問題はしばしば夫婦だけのことに留まらず、二人が生まれ育った家庭全体までも巻き込んでしまうことが多いものです。そのため問題はさらに複雑になり、結果として二人を引き離そうとする否定的な力がさらに強く働いてしまう場合もあります。

しかし二人が自分自身の行動をより大きな視点から見直し、相手がどのような家庭に育ったのかということを深く理解するとき、良い変化が訪れるのです。

もちろん長年かけて習得した役割行動は、必ずしも悪影響だけを及ぼすとは限りません。当然、生まれ育った背景から二人の役割がうまく適合し、夫婦関係がとても円満にいくケースもあります。

例えば、生まれ育った家でしっかり者としての役割を担ってきた長男が、兄のいる妹として成長した女性を伴侶として選ぶという例です。または、頼りがいのある長女として年下の兄弟たちの面倒をずっと見てきた女性が、姉がいて皆から甘やかされて育った男性と結婚する例もあるでしょう。この場合、その男性はもちろん職場など家庭以外の場所ではしっかりと責任を果たしますが、家に帰った途端、もっとも居心地が良く慣れ親しんだ立場に滑り込めます。甘えられるのです。このような夫婦は、非常に調和のとれた結婚生活を送ると思われます。しかし夫婦ともに、相手に甘えることだけを望んだり、双方が家庭を支配しようとするなら、その結婚生活は争いの絶えない困難なものとならざるを得ません。

恋愛し、結婚したばかりのころ、二人は理想的な夫婦に見えるものです。しかし時が経つにつれて、夫婦がそれぞれ昔から慣れ親しんできた役割に戻ってしまうなら、その結婚生活に大きな困難を招くことになってしまいます。

このような意味でも、これから結婚しようとする二人が、事前に結婚カウンセリングを受けることには大変大きな意義があります。自分では気づいていないさまざまな行動について、第三者から具体的な助言を受けたり、生まれ育った家庭の背景をお互いによく知ることができるからです。それによって結婚後に起こり得る問題に対して、二人とも良い心の備えができるため、後に多くの苦しみを味わわずにすむのです。

10　繰り返される家庭の歴史

近年、心理学の知識の進歩によって、「無意識」というものが大きく解明されるようになりました。こうして私たち人間の心理的な相互関係は、より理解しやすいものとなったのです。しかしそれでもなお、私たちは思いがけず隠された落とし穴につまずいてしまうことがあります。

生まれ育った家庭に何らかの病的な因子があった場合、その家庭に育つ子どもの発達にも何らかの悪影響が及んでしまうでしょう。しかしその不幸を両親のせいにして、親を悪者扱いしてみたところで、そこから解放されることはありません。確かに不幸な子ども時代や青年時代というものは、人の心に大きな苦しみを与えるものです。多くの人々は、それを人のせいにすることによって心の痛みを和らげようとするでしょう。しかし自分の精神的苦痛の原因が両親であると責める人は、今度はそのジレンマを自分の子どもたちに受け継がせてしまう危険があるのです。

ですから何らかの理由で、自分を苦しめてきた親との関係を断ち切って、「私はこれでやっと自由な人生を始めることができる」と宣言したとしても、それは問題の本当の解決にはなりません。このようなやり方で肉親との関係を断つことは、過度な反応に過ぎないのです。両親と自分の人生とをあまりにはっきり区別しようとする激しさは、周りの人々を非常に苦しめることになるでしょう。

とても厳格な両親のしつけに苦しんだ人たちには、自分の子どもたちに意識的に寛大に振る舞おうとする傾向がしばしば見られます。それによって彼らは、自分の親よりも良い子育てができたと自負するのです。自分がかつて親から禁じられたことは、何でも子どもには自由にやらせました。ところが今になって、「私たちが不幸になった原因は、放任したあなたたち親のせいだ！」と子どもたちから責められるとき、彼らは愕然とするのです。

私はある父親との出会いを思い出します。その人には、大変厳格で宗教的な家でしつけられたという苦い経験がありました。そこで彼は、自分の娘にはそんな思いはさせまいと決心しました。事実、その家では何もかもが自由でした。娘のことを拘束していないことを示そうとして、父親としていつでも自由を強調していたのです。しかし実際は、そのような無制限な自由は娘を困惑させるばかりでした。彼女が求めていたのは、むしろ安心感と自分を守ってくれる場所だったのです。こうしてあるとき、非常に厳格な宗教グループに接した彼女は、すべてを投げ出してそこに飛び込んでいきました。自分がその後ろに身を隠せるような堅牢な壁を探し求めていた娘は、こうしてついに両親の元を去ったのです。

その後、彼女は同じ宗教団体で知り合った男性と結婚しました。相手は無神論の影響を色濃く受けた家に育った男性で、彼が生まれ育った家では宗教に関することは何であれ笑い草とされていました。しかし安心感を求めてやまなかったその男性は、あるとき、狂信的な異端グループに接してすっかりその虜になりました。こうして、そこで知り合ったその娘と結婚したのです。両親の元で得られなかった安心感を、彼女の元なら得られるだろうと期待したのでした。しかしその結婚は幸せなものではありませんでした。こうして数年後、二人の結婚生活は破綻したのです。

11　離婚について

今日、両親がそろっていない家庭は、それほど珍しくはなくなりました。どちらかの親が亡くなるより、離婚によって家庭が引き裂かれてしまうケースのほうが多いというのが現状です。

世界には、およそ二組に一組の夫婦が離婚している国々もあります。たとえ離婚した親の大半が数年後には再婚したとしても、離婚による家庭の崩壊が子どもたちの心に深い傷を負わせることに変わりはありません。[12] 親の離婚によって、子どもたちは新しい環境に順応することを余儀なくされます。その子たちが失ったものは父親や母親なのです。興味深いことは、死によって片親を失ったほうが、離婚によって親と別れる場合よりも、子どもの発達には悪影響が少ないということです。[13]

確かに両親の離婚によって、子どもたちの心は非常に不安定になってしまうでしょう。あたかもそのジレンマの原因が自分であるかのような罪悪感を、子どもが抱くようになることも珍しくありません。多くの場合、子どもたちにとって両親の離婚は二重の喪失を意味します。父親や母親を失うだけではなく、慣れ親しんできた環境や幼いころからの友だちとも別れなくてならないからです。

離婚して子どもを一人で育てなくてはならない親たちは、多くの場合、仕事で忙しくなって、子どものためにわずかな時間しか割けなくなります。離婚による精神的な問題を度外視したとしても、現実的には経済的な問題が重くのしかかってくるために、親は以前より多くの収入を得ないとやっていけません。このようにして、子どもたちはこれまで以上に、何かと制約を受けることを余儀なくされます。

このように、たとえ子どもたちが次第に新たな環境に慣れたとしても、親が離婚した時期がその子たちにとって非常につらいものであることに変わりありません。しばしばその影響は、子どもたちの学校での成績だけではなく、その行動にも現れるようになるでしょう。そのような子どもたちの多くは、やがて目立つ行動を取るようになったり、あるいは精神的障害に苦しむようになるケースも多く見られます。

さらに親が再婚した場合、子どもたちは突然、見ず知らずの人を新しい父や母として受け入れるように求められます。場合によっては、新しい兄弟まで受け入れなくてはならないケースも珍しくありません。しかし、しばしばこのような二度目の結婚も不安定になりやすく、数年後には再び破綻する確率は非常に高いのが現状です。

両親が離婚する場合、もし子どもたちがまだとても小さいか、すでに十分大きくなった時期であれば、さほど大きな問題は起こらないかもしれません。しかし「両親の離婚」という大きな変化が、子どもたち自身の発達段階の難しい時期と重なってしまうことも、実際には決して少なくありません。そのような場合、子どもたちが攻撃的で激しい態度を取ったり、どこか別の拠りどころを見いだそうとして、心の中で家族と距離を置くようになったとしても決して不思議ではないのです。

さらに、そのような子どもたちが早くから異性と性的関係をもつようになり、行き詰まってしまうケースも見られます。まだ若過ぎて責任を取り切れないために、交際相手を次々と変えたり、未熟さのゆえに確かな基盤のない結婚に逃げ込むことになりやすくなります。ある研究結果によると、このような十代の若者たちの結婚は、未婚女性の妊娠と同様、離婚率を上げていると言われています。[14] もちろん、両親が離婚した家庭の子どもたちが皆、これらと同じような挫折を経験するということでは決してありません。しかしこれまでの家庭構造が崩壊したことによってもたらされる心の不安定さは、その子たちを危険な状態に追いやるのは事実です。

したがって、離婚をし、子どもを一人で育てることになった親には、子どもたちの抱えるこれらの問題に対処するという大きな責任があるでしょう。しかし実際には、親自身も離婚してまだ精神的に落ち着いておらず、心の傷が癒えていないことが多いのです。このような状況の中で、自分にもない安心感を、どうやって子どもたちに与えられるでしょうか。

また離婚に伴い、子どもたちが親戚や友人の家をあちらこちらたらい回しにされて、自分の居場所がわからなくなってしまうケースも珍しくありません。それでも、子どもたちが別れた親とのコンタクトだけは保っておく必要があるでしょう。その親を受け入れるか拒否するかは、子どもたちにとって非常に難しい決断だからです。子どもには父親の影響も必要ですし、同時に母親の存在も必要です。特に子どもがまだ小さい場合には、今後の発達のためにも、離れた親とのコンタクトをそのまま保つことに意味があります。もちろんそれは、その親との接触が子どもに危険を及ぼさない場合に限られます[15]。

このように、たとえその原因がどのようなものであろうと、離婚は決して容易にできる決断ではありません。離婚した直後は、ずっと続いていた夫婦間の争いからようやく解放されたように感じるかもしれません。しかし実際には、根底にあった問題を離婚した後も、ずっと抱え続けていくことが多いのです。離婚に至ったのは相手が悪いだけではありません。問題はより深いところに存在しているものです。

多くの人々が、離婚によって一時的に不幸な人間関係から逃れようとします。しかし結局のところ、その不幸の原因が相手や環境にではなく、実は自分自身の内にあったことや、自分が問題をさらに新しい人間関係にもち込んでいたことを認めざるを得ないときがくるでしょう。ですから離婚して一人で子育てをする親たちには、人生を新たに方向づけたり、精神的な問題を整理するためにも、友人たちの助けをぜひとも得て行くことをおすすめします。父親や母親自身が落ち着いて冷静になれるに従って、親として傷ついた子どもたちをしっかり支えられるようになるからです。

12　シングルマザーの問題に関して

シングルマザーの背景には大きく分けて三種類あるでしょう。まず第一には夫との死別があげられます。それに続いて離婚がその理由であることが考えられます。最後には婚外妊娠の結果、生まれた子どもを育てるという状況が想定されます。残された母親の心情はそれぞれ複雑でしょう。

いずれにしても父親不在という共通の実情がもたらす心理的、経済的および社会的な影響は、母親にだけではなく子どもの成長にも及んでいきます。詳しいことはこの本の枠外に取り扱われるべきことなので、ここではこれ以上は述べられませんが、母親が背負う負担は非常に重いことはまぎれもない事実です。

それでも、くじけず、真剣にこの課題に取り組んでいるシングルマザーがおられます。もし彼女たちに共通点があるとしたらどのようなことでしょうか。三つの分野に大きく分けてまとめてみると、左記のようなことが言えるのではないかと思います。

１　心理的側面

できるだけ規則正しい生活のルーティーンを保って空回りしないようにすることが大切でしょう。自分も「もう少し頑張っていたなら」という罪悪感から解放され、子どもにも「お前がもう少ししっかりしていたなら」などという罪悪感を押しつけないようにします。親自身が自分の心の動きを正直に捉え、複雑な気持ちを整理し、やがて自信を取り戻すと、子どもとのコミュニケーションも自由になるものです。それが子どもに安心感と信頼感を与えることになります。

シングルマザーと子どもとの関係は、子どもの年齢によって変わっていくのが普通でしょう。しかし根底には、内面的に個人として自立している親と子が信頼し合う「相互依存」(inter-dependence) と呼ばれる関係があり、癒着した「共依存」(co-dependence) の関係ではないのです。

2　経済的側面

貧困意識をもたずに収入に合った生活をするように心がけましょう。仕事に時間を取られるために子どもとともに過ごす時間は減りますが、子どもとクオリティータイムを定期的に持つようにすると良いでしょう。

3　社会的側面

シングルマザーは自分だけではないことをわきまえ、孤立しないよう心がけるようにしましょう。自分が自分であることができる職場や仲間を持つことも重要です。子育ての時代から自分の仲間をもつことを大切にして自立できた母親は、成人した子どもと健全な相互依存関係を保つことができることでしょう。

第2章　訓練の場としての家庭

今日、子どもたちをしつけることは、もはや不可能となってしまったのでしょうか。近年、子どもたちの行動に大きな変化が見られることに、私たち大人は途方に暮れています。一体、子どもたちに何が起きているのでしょう。

校内暴力はもはや珍しいものではなくなりました。特にアメリカ合衆国の大都市では、朝、子どもたちが武器をもっていないか検査が行われたり、武装した警官たちがスクールバスを見張るという事態まで起きています。また子どもたちがいかに冷血な人殺しをしたかというニュースを耳にするたびに、私たちは戦慄を覚えます。しかしこれらは、私たち大人が長い間、蒔いてきたものを今、刈り取っているのだとは言えないでしょうか。さらにこのような現象は、世界的にますます広がりつつあるように思われます。

「新世代の子どもたち」――その子たちはこう呼ばれています。ドイツのカーメン出身の教育者であるヘンゼル博士（Dr.Hensel）は、長年にわたる観察の結果、非常に啓発的な報告書を提示しています。それによると、問題を起こす子どもたちの多くは、理解ある教育を受けたことがほとんどありません。争いや暴力、アルコールの乱用が日常茶飯事となっているケースも多く見られました。彼らはさまざまな娯楽番組からポルノ映画やホラー映画に至るまで、ありとあらゆる番組を無差別に見続け、毎日、何時間もテレビの前で過ごすのです。こうしてその女性像、愛や性に対する考え方は、メディアによって形作られていきます。「十一歳から十二歳くらいの大多数の子どもたちは、まるでその中枢神経が前の晩に見たテレビ番組に直接、つながれているかのようである」とヘンゼル博士は語っています。

学校における彼らの行動にも落ち着きがなく、集中力が欠けています。その子たちはつねに興奮とセンセーショナルなできごとを求め続け、一人でいることができません。何も学ぼうとはせず、努力もしないいため、学校は退屈な場所であって、授業中は何とか気を紛らわそうとするだけなのです。ヘンゼル博士は彼らの行動を、慌しく映像が移り変わる映画のようだと表現しています。

さらに、そのような子どもたちには、自分の考えに合わないことは一切受けつけようとしない傾向が見られます。他人の意見には耳を貸さず、自分が拘束されるように感じるならすぐさま反撃に出ようとします。また肉体的な耐久力にも乏しく、もはや体を鍛錬するということに慣れていません。いつもただ消費しようとするだけで、できる限り楽をしようとするのです。

今日、多くの教師たちは、子どもたちにつねに勉強させることは、もはや不可能であると証言しています。学校の学習レベルは、どちらかいうと優秀な生徒よりも問題のある生徒たちに合わせることが多いため、優秀な生徒たちはやる気を失ってしまうのです。

以上の調査結果や類似した報告を聞くと、明らかに家庭が果たすべき責任を果たせていなかったことがわかります。嘘をついたり、いかなる決まりも無視し、ところかまわず攻撃的な態度を取る子どもたち――しかしそのような子どもたちは、実は病んだ家庭や病んだ社会を反映するもっとも象徴的な存在だと言えないでしょうか。ですから私たちは、その子たちを「悪い子」と決めつけることはできません。彼らはその心に大きな空洞を抱えているのです。本当はその子たちも、人から認められることや安心感を求め、人から愛されたいと心から願っています。

現代の子どもたちにとって、自分の行くべき道を見極めることは何と難しいことでしょうか。今日の巧みな宣伝競争を考えてみれば、子どもをだしにして、どれほど多くの商売がされてきたかに気づかされるでしょう。そこで求められているのは必ずしも子どもの幸せではありません。子どもたちの手にしている金銭なのです。企業にとって子どもたちは、「消費者」として重要な存在です。今の子どもたちは、自分の小さな財産を意のままにしているからです。しかし誰が本当に子どものことを考えているでしょうか。

また現代の子どもたちは、早くから「自分たちには力がある」とか「子どもの権利を行使して良いのだ」と教え込まれる傾向があります。自分の両親に対しても、そのように振る舞って良いと教えられるのです。しかしそのようなことは子どもにとって重荷となります。本来、子どもは力など欲してはいません。子どもたちが本当に求めているのは、むしろ安心感を得ることです。そしてその安心感は、まず「従う」ことによって、つまり一定の制限の中で初めて得られるものです。堅固な囲いがあって初めて安全が保障されるでしょう。このように子どもたちは、与えられた境界線の中で安心して成長していくことを学べるのです。

1　訓練の場としての家庭

家庭にはさまざまな機能があります。すでに見てきたように、家族の一人ひとりに保護と安心感を与えることが家庭の使命だと言えます。こうして両親と子どもたちは、「家庭」という、一人ひとりが居場所をもてる共有の生活の場を作り出すのです。もしこの生活共同体にしっかりと根を張っているなら、子どもたちは安心して健全に成長していけるでしょう。そして後により大きな社会に出てからも、自分の居場所を見いだし、自ら健全な家庭を築いていけるようになります。しかし家庭の機能はそれだけに留まりません。家庭はさらに、人生のさまざまな局面に対応していくための「訓練の場」でもあります。

理想的と思われる家庭は、一人ひとりがありのままの自分としてごく自然に振る舞えるところです。しかしそれは何もかもが許されていて、全員が好き放題して良いということではありません。「家庭」という枠組みの中には、一人ひとりの行動の仕方について決まり事があります。またお互いに率直に批判し合うことも許されています。ただしそのような批判は、建設的であることが大切でしょう。それはちょうど、優れた教師が生徒の進歩を願ってあえて批判するのに似ていると思います。批判をすることがあっても、生徒がそれによって成功を収めることが、最終的には教師にとっての成功を意味するからです。

子どもたちはこの家庭の中で、後の人生にも通じる価値観や基準をしっかりともつようになります。権威に対してどのように振る舞うか、金銭をどう扱うべきかといった訓練も受けます。また他者の財産や所有権を尊重したり、それらを過度に評価し過ぎないといったような基本的な価値観を、子どもたちは家庭の中で一つひとつ学んでいくのです。

一般的には、まず両親が人間社会のモデルを具体的に示すことによって、子どもの心に社会的な行動規範の土台が据えられます。ですから若い世代にとって家庭は、後に社会においてどのように行動すべきかを学ぶ最高の舞台だと言えるでしょう。このような訓練の場としての家庭は、社会全体にとって非常に大きな意味をもつ、もっとも大切な「学び舎」そのものなのです。

子どもたちは家庭を通して人生の備えをします。そこは訓練の場なので失敗してもよいのです。転んでもよいのです。子どもたちを見守り、一人ではどうすることもできなくなったときには、いつでも助け起こそうと待っている父親と母親がそばにいるからです。しかし両親が早く手を差し伸べ過ぎるなら、子どもの自主性を妨げてしまうでしょう。反対にその助けが遅すぎるなら、子どもを困惑させてしまいます。このように、子どもたちをいかに最善に導けばよいかを知るためには、両親の深い理解と洞察力が必要です。

また子どもは、家庭において失望や欲求不満との向き合い方を学びます。自分の願いを放棄したり、自分の希望を後回しにしたりすることを子どもは家庭において学ぶのです。人に従うこと、人と分かち合うこと、人に歩み寄ることや他の人を認めること、さらに高齢者に席を譲るなどの実践的な礼儀の一つひとつを、子どもはすべて家庭において身につけていきます。

その場合、子どもは実際に自分を導いて、訓練してくれる人を必要とします。たとえば、犬は決して自発的に服従を学びはしません。犬をしつけたり、芸を教え込むためには時間をかけて訓練を行うでしょう。訓練が良くされていれば、飼い主の喜びもまた大きいのです。こうして十分に訓練されたペットは、どこへでも連れて行ける素晴らしい仲間となるでしょう。もちろん人を犬と比べることはできませんが、しつけを受けずに育った子どもたちは、本人だけではなく、周囲にとっても悩みの種となってしまうのです。

２　子どもの欲求

すべての人間にはある一定の基本的欲求があり、私たちは本能的にそれらの欲求を満たすことを念頭に置いているものです。そこには空腹を満たそうとする身体的欲求としての食欲があり、親しい関係や愛情、また安心感への欲求があります。さらに人から認められたいという欲求、人間として生き生きと活動したいという生きがいを求める欲求などもあるでしょう。

よく見ると赤ちゃんですら、周囲に自分が満足しているかどうかのサインをはっきりと出しているものです。赤ちゃんはお腹が空けば泣いてそれを表現しますが、そのとき大切なのは、母親がそのサインにどう反応するかということです。子どもに与えられるものが哺乳ビンか母乳かということは、決定的な意味をもちません。重要なことは、母親が子どもに心を向け、愛情をもって抱いてあげることです。子どもは母親に自分のほうを向いてほしいと願っているものです。ですからその母親を失うように感じると、何らかの形で母親の注意を引こうとするのです。

一つの例をあげてみましょう。ここに三歳の子どもと一歳の赤ちゃんという小さな兄弟がいます。三歳の子には、小さな弟が生まれたとたん、なぜ急に母親の態度が変わってしまい、前ほど自分のために時間を取ってくれなくなったのか、さっぱりわかりません。がっかりした男の子は、母親を何とか取り戻そうとしますが、ほとんど相手にしてもらえません。それどころか母親はうるさそうに自分のことを追い払うのです。するとその子は欲求不満になって、どうすれば母親の心を再びつかめるかと考えるでしょう。そしてこんなことを思います。「もしこの赤ちゃんがそんなに大事なら、ちょっとつねってみよう。そうすればきっとお母さんは、大事な赤ちゃんを守ろうとしてやって来るに違いないもの。そうしたらお母さんもやっと、もう一人子どもがいることに気がつくから」。このような行動は、ほとんど本能的なものです。子どもはまだ論理的に考えることができないからです。案の定、弟が大声で泣き出したとたん、確かに母親は飛んで来ます。そして反抗的な目をしながら身動きもせず、じっと立ち尽くしている男の子を叱りつけるでしょう。しかしその子が本当に言いたかったことに、母親はまったく気がつかなかったのでしょうか。その子はこう言いたかったのです。「僕もいるよ。僕にもお母さんが必要だよ……」。

もし子どもが反抗的な態度を取ったり、問題を起こすようなときには、両親はまずその子どもをよく観察して、その行動を通して子どもが本当は何を伝えようとしているかを見つけ出すようにすると良いと思います。多くの場合、基本的な欲求が満たされていないと、子どもはこのような行動に出ることがあります。目立つ行動を取ることによって、母親の目を無理にでも自分に向けようとするのです。一度それがうまくいくと、その子は何度も同じことを繰り返すでしょう。

子どもが寂しさを感じていたり、両親から冷たくされ、自分が理解されていないと感じると、しばしば望むものを否定的な方法で得ようとしてしまいます。そのために子どもは驚くほど巧妙なテクニックを早くから身につけ、後に十代になってからは、さらに目立った行動を取っては親の期待に応えることを拒むようになります。こうして自分が親に頼る必要のない強い人間であることをアピールしては、両親に反抗するのです。しかしその心の奥には、愛されなかった体験から生じた心の傷がまだ疼（うず）いているのです。

確かにストレスを抱えて疲れきった母親が、しばしの休息や静けさを得ようとして子どもを追い払いたくなるのも理解できます。しかし子どもにとって、このように親から拒絶されることは、その後の発達に非常に良くない影響を及ぼしかねないのです。それによって、これから人間関係を築いていくうえで基礎となる、子どもの根本的な信頼感が揺るがされてしまうからです。

子どもは自分が愛されていることと、自分がかけがえのない存在であることを知る必要があります。父親や母親にとって、自分が価値ある存在だということを心から知る必要があるのです。そしてこれが子どもの基本的な欲求です。ですからこのような欲求を誤ったものと見なしたり、裁いたりしてはなりません。それは神から与えられた人間の性質の一部とも言えるものなのです(16)。

もし子どもが、この帰属意識や自分が愛されているという認識を十分に与えられないなら、その子はぽっかりと空いた心の空洞をずっと引きずるようになります。そして多くの場合、自分が子ども時代には与えてもらえなかったものを、後に結婚してから、無意識のうちに相手から得ようとしてしまうのです。しかしそのような過剰な期待が新たな問題を生み出すことは、火を見るよりも明らかです。しばしばこのように心に空洞を抱えた若者たちは、親しい人間関係に心から憧れながらも、再び拒絶され傷つくことを恐れるあまり、人との親密な関係とどう関われば良いのかわからないのです。そしていつの日か彼らもまた親になります。しかし自分自身が人との親密な関係とどう向き合ったらよいかわからなければ、深い心の絆を築くことをどうして子どもたちに伝えられるでしょうか。こうしてその子どもたちもまた、同じような欲求不満を抱えるようになり、神から与えられた基本的な欲求が満たされる道を自ら探し求めるようになるのです。

このように、「愛や帰属意識への欲求」は、人が生きている限り持ち続けるものでしょう。「安全を求める欲求」、「自分自身に価値を見いだしたいという欲求」、そして最終的には意義ある活動をしたいという「生きがいを求める欲求」も、人間が生涯変わらず持ち続けるものなのです。

何の活動もしないことは人間の生まれつきの性質に反しており、不健康でもあります。特に子どもたちには活動が必要です。もちろん目的もなく、ただせわしく動き回るのではありません。それはただ混乱の現れに過ぎないでしょう。子どもたちは本来、意味のある活動に従事したいと心から願っているものです。人間の心には、このような欲求が生まれつき与えられていると言ってもよいでしょう。有意義な活動を求める子どもたちのこのような欲求に、親がもっと心を配り、小さなときから建設的な趣味や活動分野に目を開かせ、自分の努力が周りから認められることを体験するならば、子どもたちは生きがいを感じて、いわゆる反抗期に達しても問題行動に走ることを避けることができるでしょう。

しかしその反面、私たちはこれらの欲求に支配されてはなりません。むしろ欲求を支配することを学ぶ必要があります。つまり欲求の良い解消法を見つけるのです。さもないとこれらの限りない欲求は、人を破滅に導く危険があるでしょう。このことは特に性の問題に関して顕著です。性への欲求はそれ自体、まったく生物特有のものですが、この欲求の扱い方を学んで初めて、私たちは人間として成熟したと言えます。このような訓練は、子どもが自制心を身につけるという形で早いうちから始めるとよいでしょう。

3　子どもを訓練すること

聖書の箴言にはこのような言葉があります。「若者をその行く道にふさわしく教育せよ。そうすれば、年老いても、それから離れない。」（箴言二二・六）
スポーツの世界で訓練を行うトレーナーは、自分のしていることをよく知っているものです。特別な分野について熟知しており、自分でも訓練をすべてやり通した経験をもっています。競技における危険や対処の仕方なども心得ており、もちろんそのルールについても精通しているでしょう。

このように良いトレーナーは、選手が成功を収めることをいつも念頭に置いています。選手に多くを期待しますが、過大な要求をして選手を苦しめるようなことはしません。むしろそのつど選手の能力に応じた課題を与えて、次第にそのレベルを上げていくでしょう。トレーナーが最終的に目指すのは、選手から最善の成果を引き出すことです。

また優れたトレーナーは理論だけで教えず、実際に一つひとつの課題の模範を示しながら指導するものです。選手のそばにいてやる気を起こさせ、勇気づけます。選手の良くない点を指摘しては改善し、さらに選手を励まします。このような訓練は、選手がトレーナー自身のレベルにまで達し、学んだことを本人が人に教えられるようになるまで続けられるでしょう。

同様に、親も子どもの人生を形作る建築家のようなものではないでしょうか。優れた建築家は、十分に熟考された設計図なしには家を建てません。普通、両親は子どもの内に形づくりたい性格や性質というものを、設計図でも描くようにして考えることはしないでしょう。しかし無意識かもしれませんが、「将来、こうなってほしい」というある一定のイメージを親は子どもに対してもっているのではないでしょうか。子どもがそのイメージどおりに育ってくれるようにと両親は願います。たいていそれは親自身の人生観であったり、両親が子どもに伝えたい人生の目標です。

しかしもし将来、自分の子どもが一般社会の常識から外れた道を選んでしまうなら、のちに本人が多くの苦しみを味わうことを親は自らの経験から知っています。ですから私たちは親として、自分の子どもが社会の一員として受け入れられ、社会的に認められて疎外されないようにと願うでしょう。そのために子どもができる限り良い人間関係を保ち、社会的な相互関係を築ける人物に育ってほしいと望みます。そこに訓練が必要となります。しかし今日の多くの家庭では、残念ながらそのような訓練はもうほとんど行われていないのが現状のようです。

ある母親は自分のキャリアのために仕事が忙し過ぎて、子どもに時間を割けなかったのかもしれません。またある母親は自分自身にとらわれ、個人的な問題にかかりきりになっていました。それでベビーシッターが子どもの面倒を見てくれたり、子どもが昼間、何時間もテレビを見続けて自分に何も言ってこないことに内心ほっとしていました。またある母親は、現代心理学の理論どおりに子育てをしようと考えて、子どもたちにはやりたいようにさせました。できる限り口を出さないようにし、子どもが何か要求してきたときには、面倒な争いに巻き込まれないよう即座に聞き入れたのです。ところが今になって、子どもたちが反抗する姿に母親は驚きと失望を隠せません。母親として、できることはすべてやってきたのではなかったでしょうか。犠牲も惜しまなかったはずです。それなのに今になって、子どもたちが自分の手に負えなくなってしまったことを認めざるを得ないのです。

それでは子どものしつけは、いつ始まるものなのでしょうか。今日では、胎児ですら母親の胎内において、すでにさまざまな影響を受けていることがわかっています。[17] 母親と子どもの間には直接、神経によるつながりはありませんが、ホルモン分泌によるつながりが存在しているのです。そのため胎児は、母親の気持ちの変化の肯定的な影響だけではなく、否定的な影響も受けていると言われています。

たとえば、母親が感じる圧迫感や恐れは体内のストレスホルモンであるコルチゾールやアドレナリンの分泌を促すため、その影響は胎盤を通して間接的に胎児にも及びます。その結果、すべてがそうなるわけではありませんが、生まれた子どもに情緒不安定、注意欠陥、多動性障害、行動障害、学習障害などの症状が現れることが知られています。その反対に、母親の弾むような心の喜びも胎児に伝わるのです。また規則正しい心音とリズミカルな歩行には、胎児を落ち着かせる効果があることも知られています。（参照・http://www.child-encyclopedia.com/stress-and-pregnancy-prenatal-and-perinatal/according-experts/effects-prenatal-stress-child）

このような意味で、子どもの誕生を待ち望む妊娠期間中に、夫が愛情をもって妻を支えることは、間接的に子どもに良い影響を与えることになります。夫が妻に愛情深く接することは、これから母親になろうとする妻を幸せにすることでしょう。こうして夫も子育ての最初の段階から、すでに子どもに影響を与えることができるのです。(18)

またこれから父親になろうとしている夫は当然、子どもの出産にも立ち会うべきだと思います。それは母親を力づけるだけではなく、「出産」という経験を共有することによって、父親自身も生まれてくる子どもに対して、ごく自然な関係をもてるようになるからです。そして後に赤ちゃんの世話を手伝うようになるときにも、さほど抵抗を覚えずにできるようになるでしょう。

子どもがたどる一つひとつの段階は、つねに親に新たな課題を与えるものです。そのような子どもの成長過程をよりよく見守っていくために、それぞれの発達段階について理解しておくことは、両親にとっても大きな助けとなるでしょう。

4　発達段階

初めて父親と母親になるとき、私たちは「うまく子育てができるだろうか」とか「自分たちに子どものしつけなど、本当にできるのだろうか」といった不安でいっぱいかもしれません。親となろうとしている自分自身に、もうすでに限界や至らなさを感じていることもあります。そのような二人は、これから親としてどのように子どもを導いたらよいでしょうか。

中には、自分の親の失敗を繰り返してしまうことを恐れている人もいるでしょう。親よりも良い子育てをしたいと思うのですが、自分たちのほうがうまくやれる保証はどこにもないのです。

誰であれ、親になることに不安を感じるのは当然です。すべてが未知の世界だからです。しかし子どもが生まれてみると、ごく自然に親の務めに慣れるものです。ただ子どもの成長にかなった子育てをするには、発達心理学の知識がいくらかあると助けになるでしょう。さもないと、過大な期待によって子どもを苦しめることになりかねないからです。まだ年齢的にできないことを子どもに期待することはできません。

そのような意味で、人生において私たち人間がたどる発達段階を、これから一つずつ追っていきたいと思います。

著名な精神分析家であるエリック・エリクソン（Erik Erikson）は、人間が乳飲み子として母親に完全に依存して過ごす最初の数か月を、「共生段階」と名づけました。[19]この時期に、子どもの人格の奥深くに根を下ろし、後の人生にずっと影響を及ぼしていく「基本的信頼感」が形作られます。この非常に大切な時期に子どもが安心感を味わうなら、後にその子が人を信頼するのは難しくないでしょう。しかしこの時期、子どもが早くも失望感を味わってしまうなら、その子の基本的信頼感も揺らいでしまいます。このことは、乳幼児に対して両親がいかに慎重に接しなければならないかを示しています。

通常、子どもが生まれて最初に関係を築く相手は、乳を飲ませ、世話をしてくれる母親でしょう。すぐそばに母親がいて自分に心を向けてくれることは、子どもに安心感を与えます。母親の元で守られ、安全だとわかると子どもは満足してくつろぐのです。

誕生して最初の数か月間、子どもは特に母親から優しく世話をしてもらうことにすっかり依存しています。この時期の子どもは、すぐそばに母親がいてくれることや、きちんと世話してもらうこと、そして母親から話しかけてもらうことを必要としています。まだ他に手立てのない子どもは、このような欲求を泣くことによって表現します。母親はそれに応えて子どもを抱き上げ、その胸に抱きしめて語りかけるでしょう。するとその子の恐れは瞬く間に消え去ります。母親の胸の中で子どもはすっかり安心するからです。そして母親の胎内で過ごした懐かしい一体感に再び戻りたいかのように、子どもはその温もりをできるだけ長く味わおうとすることでしょう。

ところがこの大切な時期に、子どもが何時間も泣いたまま放置されたり、親からうるさがられ、別の部屋に追いやられるといった経験をするなら、その心には信頼感が育たなくなってしまいます。親がそのような態度を取る代わりに、幼い子どもが泣き叫んで家中を震え上がらせるようなことのないように、子どもがより自立していけるための訓練を慎重に行うことが大切です。「泣くこと」は乳児の言葉であり、それによって自分の必要を表現しています。母親は本能的にこの言葉を理解して、子どもが何を伝えようとしているかわかるようになるでしょう。

このように生後まもない乳児は、自然の欲求に完全に支配されています。お腹が空けば食べ物を求め、眠くなれば眠ろうとします。さびしければ安心感を求め、恐れを感じれば保護を求めて泣き叫びます。求めるものはすべて自分のことだけで、この時期の子どもは、自己中心的な欲求によって完全に支配されていると言ってよいでしょう。

しかしまもなく両親は、このか弱く小さな存在が、自分の「したいこと」と「したくないこと」をはっきり知っており、周りに対して自分の意志を押し通そうとしていることに気づくでしょう。子どもは自分が世界の中心であろうとし、自ずと周りの世界を支配しようとするものです。これは子どもの自然な欲求ですが、発達の過程においてコントロールされる必要があります。

特に生後数か月というのは、子どもの成長をほとんど毎日のように見られる非常にダイナミックな時期でしょう。日々、子どもは変化していきます。必要な栄養が与えられるならば外見上、子どもは言わば「自然に」成長していくように見えます。しかし身体の発育に栄養が不可欠であるように、心の成長のためにも子どもは糧を必要としています。その意味で、この時期の子どもには外から刺激を与えられるという経験が大切です。母親が子どもと一緒に歌ったり、子どもに絵を見せたり、話しかけたり、一緒に遊んだりすることによって、子どもの脳の働きはますます活発になっていきます。こうして早くから刺激を受けることによって、子どもの脳の神経細胞間の接続が密になり、それに伴い、子どもの知能もより発達することがはっきりと認められています[20]。

さらに**生後五か月から九か月**にかけて、子どもはいわゆる「分化段階」に入ります。この時期の子どもは、自分と自分を取り囲む世界とを次第に分化し、発見していくようになります。子どもは周りの世界に触れ、他の人々や物を認識するようになるでしょう。そして未知のものを手でつかもうとしたり、それをもっとよく知ろうと何でも口に入れようとしたがるのです。

当然、母親は、この時期の子どもを特に注意深く見守る必要があるでしょう。子どもの欲求を押さえつけないようにする一方で、子どもを危険から守らなくてはならないからです。もうすでにこの時点で、子どもをしつけようとする母親と子どもの意志との間に、はっきりとした衝突が起こることでしょう。

私たちはこの本のはじめに、帰属意識が子どもの健全な発達の前提条件であることを繰り返し述べました。子どもには、誰かがそばにいてくれることがとても大切です。特に親しい関係を築いている相手がそばにいてくれることが子どもには必要です。そのような相手は通常、母親でしょう。[21] もし何かの理由で母親に手が届かないと、子どもはまず不安になります。そして母親が戻って来ると、再び母親が姿を消したり、自分が置き去りにされるのではないかと恐れて、ますますしっかりとしがみつこうとします。このように不安のあまり母親に必死にしがみつこうとする子どもの気持ちを察するなら、母親はむげに子どもを追い払ったりせずに、より深い理解をもって子どもの不安を取り除いてあげられるような態度を取れるでしょう。

生後九か月から二十四か月にかけて、子どもは他者としての「あなた」、つまり自分の相手となる存在に心を開くようになります。この時期の子どもには、母親に抱かれながら腕を伸ばして父親の元へ飛び込んでは、またすぐ母親のほうへ戻ろうとするといった遊びのような行動が見られます。特に**生後十五か月から二十四か月**の間の子どもには、一定のアンビバレンス（両価性並存）と呼ばれる特徴が見受けられます。安心感を求めると同時に自由を欲するのです。母親との密接な関係に抵抗しつつ、やはり母親との一体感に戻ろうとします。また父親の力強い腕の中で、子どもは新たな安心感を覚えるようになります。ですからこの時期に父親が子どもに向き合い、遊んだり、新しい世界を発見するため外に連れ出してくれることは何と大きな助けとなるでしょうか。もし何らかの事情で父親がそばにいない場合、子どもは必要以上に長い期間、母親だけの世界に閉じ込められてしまう可能性があります。

生後十八か月ごろ、子どもは自分自身を発見するようになります。父親とも母親とも違った子ども自身の「自我」というものを意識し始めるようになるのです。ここから子どもが自分自身になる時期、そして自分をコントロールする時期が始まると言えるでしょう。

トイレ・トレーニング（排泄トレーニング）もこの時期に行われますが、その際、重要なのは、子どもの肛門の筋肉の調節機能が、およそ一歳半から二歳にかけてようやく完成することを考慮に入れることです。したがってこのトレーニングは、なるべく子どもが一歳半になる前には始めないほうがよいでしょう。ところが中には、子どものオムツがいち早く取れることに、個人的な野心さえ抱く母親もいるようです。そのような母親たちは、親しい友人の子どもが、まだ一歳なのに「おねしょ」をもうしなくなったと聞くと、子どもを犠牲にしてでも競争を始めかねません。その結果、幼い子どもを不必要に苦しめることになってしまうのです。

三歳から六歳までの時期、子どもは自分の小さな世界の境界線をさらに押し広げようとします。身体的能力が発達すると同時に、言葉で自己表現をする能力が伸びてくるのもこの時期です。子どもの想像力も目に見えて発達し、語彙もどんどん増えていくことでしょう。

この頃、子どもは善悪を見分けることを学ぶようになります。子どもの良心が形作られる時期と言ってもよいでしょう。もしこのような時期に、親が子どもの欲求を強く退け過ぎたり、罰を与え過ぎたりすると、子どもは「自分は親から拒否された」と感じて、その結果、罪悪感を抱くようになってしまいます。

またこの時期は、子どもが性的アイデンティティーに気づく重要な時期であるとも考えられています。子どものうちに潜在している心理的な性的アイデンティティーの違いは、周囲の人たちとの密接な関わりを通して強められ、同年代や年上の役割モデルと同一視することによって固められていくのではないかと仮定されています。

さらに**六歳から十二歳の時期**は、「創造的段階」と名づけることができます。両親は、子どもたちが早々と質問をし始める姿を目にすることでしょう。この時期の子どもは何でも説明してもらおうとするものです。たとえば「どうしてお日さまは空から落ちないの？」とか、「どうして水は濡れているの？」「どうして犬は四本足で走るの？」「どうしておばあちゃんはもう自転車に乗らないの？」などなど、子どもは次から次へと両親に質問を投げかけてきます。

この時期の子どもたちにとって、毎日は発見の連続です。知りたいことは山のようにあります。ですから両親はこの時期、子どもたちに神の創造された驚くべき世界の素晴らしさをもっともよく伝えられることでしょう。子どもの質問にいろいろ例をあげて答えることもできますし、子どもたち自身に観察させて、より深く研究するように導いたり、子どもの世界がさらに広がるような博物館や水族館などを親子で訪ねてみるのもよいと思います。子どもたちの疑問の答えを、一つずつ親も一緒になって発見していくのも楽しいものです。雪はどのようにしてできるのか。雨はどうして降るのか。嵐や雷の起こる仕組み、美しく開く花々の不思議、果物の実り、蜜蜂（みつばち）の生態、海の生き物、さまざまな動物たち、そして天体などなど……。このように自然は非常に興味深く、実践的な学びの材料にあふれているのです。

さらに子どもたちの質問も、成長とともにますます洗練されたものとなっていきます。今日、多くの親たちは、そのような質問に答えることを重荷に感じて、子どもたちを避けようとすらしているようにも感じられます。親でありながら、もはや子どもたちに答えられないのを認めたくないからでしょうか。もちろん親も自分の専門分野であれば何でも答えられるでしょう。しかし子どもたちが持ち出してくる質問の多くには、残念ながらもう答えられないのです。子どもも十歳ぐらいにもなると、「まあ、お父さんにはわからないと思うけれどね」というような口をきくかもしれません。するとたいていの父親は内心、傷ついて自信を失い、父親の権威すら危ういと感じます。そしてちょっとしたユーモアを交えて応じる代わりに、何とか自分のほうが優れていることを示そうとしてしまうのです。

確かに現代に比べて、一昔前の知識のほうがずっとわかりやすかったのも事実でしょう。コンピューター技術の驚くべき進歩によって、子どもたちが持ち出してくる問題は、もはや自分たちの手には負えないと多くの親たちは感じています。子どもたちについて行けないのです。しかし「親が何もかも知っているわけではない」と素直に認めることは、それほど難しいことでしょうか。子どもに見破られるような言い訳をするよりも、子どもの前で知らないと正直に認めるほうがずっとよいのです。

また多くの親たちは、自分の限界を感じて、子どもの教育をすべて学校に任せてしまっているようですが、それでもなお、子どもの教育を見守ることが親の責任であることに変わりはありません。学校の影響というものは決して軽視できないからです。というのも、さまざまな価値観が存在するこの時代にあって、学校は時と場合によっては独立した教育機関として、子どもに非常に強い影響を及ぼすことがあるからです。そのため親は学校と良い連携を取ることが大切です。また教科書などの学習教材にも、親はできるだけ目を通すことが望ましいと思われます。ときどき、どのような価値観や考え方が、日々子どもに伝えられているかを知って、私たちは驚かされるのではないでしょうか。それらが、親として子どもに受け継がせたいと願っているものと正反対なこともあり得るからです。

さらにこの創造的な段階の子どもたちには、活動に対する強い欲求が見られます。本来、子どもは活動を好むものです。しかしこの時期、自分のやることがうまくいかず、何かやってみたいと思っても、その欲求を抑制されて、絶えず親から自分がやったことに対して「価値がない」とか「不十分だ」といった評価を受けてしまうと、子どもは次第に自分自身に劣等感をもつようになります。この劣等感が、後に否定的な自己像（セルフイメージ）を形作る温床となってしまうのです。

十三歳から十八歳ごろまでの思春期は、子どもから大人への移行段階です。この発達段階において注目すべきことは、思春期の訪れが社会的影響のため、昔と比べて早まっており、「子ども時代」が次第に消えつつあるということです。しかし早くから「小さな大人」になる子どもたちは、心の奥底では幸せではないのです。

確かに子どもは、できるだけ早く大きくなって大人と同じように見られたいと願うものです。しかし、大人の世界に早いうちから取り込まれてしまった子どもたちは、その発達段階における本質的な部分を飛び越してしまったのです。彼らは結局のところ、大人として適応したのではなく、むしろ内面的な成長は立ち遅れてしまったと言えます。また性的には成熟したかもしれませんが、しばしば情緒的な成長はそれに伴ってはいません。もちろん自分に責任をもち、一人で決断も下せるように見えますが、その心は不安定なままで、自分の道がどこに向かっているのかわからないのです。そのため彼らは自分のアイデンティティーを探し続け、本当に心を通わせることのできる相手を求め続けます。しかし、一人の成熟した大人として、自分自身を相手に与えるということに困難を覚えてしまうのです。

十八歳から二十五歳ごろになって初めて、人はずっと長続きするような親密な性的関係に入ることができるようになります。したがって、この段階の特徴は「性的親密さ」であると言えるでしょう。それまでの発達過程が健全であればあるほど、この段階で築き上げる関係は確固とした絆で結ばれたものとなるのです。

ですから、性と自分というものがまだ一致していない若いうちに誘惑されたり、あるいは性的暴力という形で性的関係をもつことになった場合、特に女性は、心身ともにひどく傷ついてしまいます。このようなトラウマによって人格的成長が妨げられてしまうと、健全な成熟に至ることが非常に難しくなってしまうのです。その結果、後に結婚してからも、正常な夫婦関係をもつことに大変な困難を覚えるケースが多く見られます。そのような人々は、自分を取り囲む世界とごく普通の関係を築きにくくなってしまうため、問題を抱えてしまうのです。

続いて人間にとって二十五歳から五十歳ごろまでの期間は、創造的かつ生産的段階ととらえることができるでしょう。たいていはこの時期に結婚し、家庭を築いたり、仕事の上でも能力を認められていくようになります。自分のもてる能力を存分に開花させて活躍できる、人生でもっとも力に満ちあふれた実り豊かな時期でしょう。

五十歳以降は、人間としての成熟や完成ということが、より重要な課題となってくるでしょう。最終的に人の人生に真の栄冠を与えるのは、この成熟の時期なのです。

これまで人間の発達段階について見てきましたが、もちろんここで大切なのは一つひとつの段階を厳密に追うことではありません。それぞれの発達段階は、実際には部分的に重なり合っているものです。しかし人間には発達特有の段階があることを意識することは、私たちにとって子どもを理解するだけではなく、自分自身をよりよく知るうえで助けとなることでしょう。

人はこのような発達段階のすべてを、身近な相手との関わりや衝突を通して経験していきます。最初の数年間、その相手はたいてい母親でしょう。それから父親、兄弟、祖父母、教師、学校の友人、また親しい友だちなどを相手としながら、人は心の成長を遂げていきます。このような意味で、人間は「自分自身」になるために、「あなた」という親しい相手を必要としていると言えるでしょう。このように、より身近で親しい「あなた」という存在によって、人は人として形作られていくのです。

5　成長は時を要するもの

私たちはしばしば、遠い道のりをいかに最短で行けるかということにひどく熱心になるものです。少しでも多くの時間を勝ち取るため、何事でもできる限り早くこなさなくてはなりません。何をしていても、つねに時間に追われながら生活しています。そして食事さえも、できる限り速く用意しなければならないと考えてしまうのです。

このように現代人にとって「時間」は、いつしか金銭よりも貴重なものとなりました。ところがこの貴重な財産は必死になって追い求めれば求めるほど、ますます速く私たちの手から消え去っていくのです。

こうして時間を獲得することは、私たちにとって「偽りの欲求」となりました。つまりそれ自体、私たちが心から求める真の欲求ではないのですが、目の前の必要を追い求めているうちに、いつのまにかそれを「本当の欲求」と錯覚してしまうのです。そして現代社会では、この「偽りの欲求」が大きな役割を果たしているため、そこに生きる私たちは、いつのまにか「真の欲求」が「偽りの欲求」に押しのけられていることに気づかないのです。

この現代人の「偽りの欲求」に応じて、スーパーマーケットでは主婦の家事時間を大幅に短縮できるようにと、調理済みの食品などが数多く売られています。そして電子レンジが、数十秒でもっともおいしい食事を出せる魔法の箱であるかのような錯覚を私たちは抱くのです。

しかし、このように節約したすべての時間で、私たちは何をしているでしょうか。単に市場操作された価値観の犠牲者となってはいないでしょうか。その他にもあふれかえる宣伝や広告によって、知らず知らずのうちに私たちは、「幸せになるために良いものは何か。どうしても必要なものは何か」といった暗示を絶えずかけられています。そしてこの物質的思考が、子どもたちの成長にまで適用されてしまうのです。しかし子どもの成長には時が必要です。人間の成熟は、先取りすることのできないものなのです。

ところがまさに、この「待つ」ということが、現代人にはとんでもないことのように思われるのです。人生からできる限り多くのものを勝ち取ろうと、私たちは一つのことから次のことへとひどく苛立ちながら急ぎます。そしてこのような悪癖を、子どもたちにも受け継がせてしまいました。テレビの前の若者たちが、せわしなくチャンネルを変えながら番組を見る姿や、コンピューターの画面を瞬時で変え続ける様からもそれはよくわかるでしょう。次々と売り出されるゲームソフトやゲーム機器なども、子どもや若者たちの飽くことを知らない心を魔術的な力で魅了してやみません。ここでも、子どもの性質には本来ふさわしくない「偽りの欲求」というものが問題となっているのです。

また両親が子どものために最善を願うあまり、およそ考えられる限りの助言に従おうとするのも理解できます。しかし子どもはまず「子ども」であって良いのではないでしょうか。すぐに子どもを何らかのプログラムに組み込もうとする必要はないのです。さもないと子どもたちは最終的に、大人の資本主義や物質主義に染まった「成功志向型の思考」の犠牲者となってしまいます。

トマトは促成栽培によって、より速く収穫できるかもしれません。しかし子どもはそういうわけにはいきません。たとえ子どもに早くから小さな大人のような格好をさせたり、大人のものを何でも与えたとしても、子どもが子どもであることに変わりはないのです。

果実は花から生じます。そして花の咲かなかった木からは実を収穫することはできません。このようにすべてのことには、それぞれふさわしい時があります。そして子どもや青少年の時代は、人生の蕾(つぼみ)と花の時代と言えるでしょう。自然を観察してみるとよくわかりますが、木が実をつける際にもっとも危ういのは、この蕾や花の時期です。だからこそ「子どもたち」という、傷つきやすい花たちを霜や寒さやあらゆる悪影響から守ることが、私たち大人の責任だと言えるでしょう。

このような意味では、学校で子どもたち全員が一斉に受けるように定められている性教育も、結果として無理に成熟を早めてしまうことの一つと考えられるのではないでしょうか。私たちの課題は、子どもの性の目覚めを無理に早めようとせず、じっと見守ることです。そして私たち大人が子どもの成長のために時を十分に与えるにしたがって、また当然のように子どもが子どもでいられればいられるほど、彼らはのびのびと成長していきます。なぜなら成長は時を要するものだからです。

6　早過ぎる性教育について

ここに、ある女性から届いた手紙がありますが、その一部を紹介してみたいと思います。

「私には自分では解決できない大きな悩みがあります。この問題は、クリスチャンの間では誰も口にしないことなのですが、実は私にはどうしても抜け出せない自慰という悪癖があるのです。すべては、私がまだ四歳のころに始まりました。当時、両親の寝室にあったベビーベッドに寝かせられていた私は、ぐずったり泣き叫んだりするときまって親から性器を愛撫され、なだめられたものでした。私は小さいうちから両親の性生活も目の当たりにしていましたし、絵本代わりに子どもたちが見ていたのは、家の中に散乱していたポルノ雑誌でした。また両親がたびたび知らない人たちを家に連れてきては、その人たちとセックスをしていたのを覚えています。中には子ども連れでやってくる夫婦もいたのですが、そういうとき、私たちは一緒にお医者さんごっこをしたものでした。

　そしてある夏、ヌーディズムの信奉者たちが集まるバルト海の海岸に家族で行ったときのことです。両親がそこで、見知らぬ人たちに私たちの体に触ることを許しました。特にそれをいいことに、ある男性が胸のふくらみ始めていた私にしつこく触ろうとし、嫌がった私は殴られたのです。……その後、ますます性的に異常な想像をするようになった私は、自分でポルノ小説を書いたり、挿し絵を描いたりしました。そして十六歳のとき、初めて性体験をしたのです。」

その後の経緯については、これ以上ここでは触れませんが、このような身勝手な大人の行為は、子どもの人生をすべて台なしにしてしまう強姦にも匹敵すると言えます。

人間にとって「性」はとても大切なものです。そして、そのための「性教育」は、実はとても早い段階から始まっているのです。厳密な意味で「性」という意味合いではなくても、日常生活において性教育は自然と行われているでしょう。まず子どもたちは、日々の暮らしの中で両親が互いにどのように接しているかを見ます。このような父親と母親のごく自然な関係をとおして、子どもは人を尊敬したり、自分を自制したりすることを学んでいきます。ここにもうすでに「性教育」は始まっているのです。

性というものは、それだけを単独に捉えることのできないもので、それはむしろ人間の一部として捉えるべきものです。人間から「性」だけを切り離してしまうとき、人は苦しみを味わいます。ですから子どもたちに「性」について説明したり、ある種のテクニックを教えるだけでは十分ではありません。それよりはるかに重要なことは、子どもが責任感をもって生きるということを学ぶことです。そしてこのような教育は、子どもがまだ小さいうちから始められるのです。

では実際、家庭では性についてどのように教えればよいでしょうか。そのような機会は、たいていごく自然に訪れるでしょう。三、四歳になると子どもは、「赤ちゃんはどこからきたの？」とか「男の子と女の子では、どうしておしっこの仕方が違うの？」などと尋ねるようになるものです。これはごく自然な好奇心の現れですし、子どもは何でも学ぼうとします。このような質問をされたら、親はその話題を避けようとしたり、困ったような素振りを見せず、聞かれたことにきちんと答えるほうがよいでしょう。ただ子どもが知ろうとする以上のことを話す必要はありません。適切な答えが返ってくれば好奇心も満たされ、子どもは満足するからです。

さらに数年後、性について教えられる良い機会が訪れるでしょう。それはたいてい、子どもたちが思春期にさしかかる十歳から十二歳のころかと思います。このとき、両親は細やかな配慮をしながら、性の奥義についてより深く教えることができます。その場合、女の子は母親と、男の子は父親とのほうが話しやすいかもしれません。もし子どもが両親の性生活について尋ねた場合には、気後れせず率直に質問に答えるべきだと思います。

今日、多くの親たちは子どもの性教育を学校に任せています。しかし特にその集団が男女一緒である場合には、その教育が子どもたち全員に適切であるというわけではありません。むしろ多くの子どもたちは、そこで教えられる内容に圧倒されてしまうでしょう。発達段階からしてその子たちは、まだそのような情報を受け入れられる状態にないからです。

ですから子どもたちを守るためにも、両親は学校とよく連携しながらこの性教育を見守る必要があると思われます。

現代は即座に満足を求める時代です。私たちはどのような欲求でも、できる限り早く満たさなくてはならないと思ってしまいます。しかし人間には、緊張に耐えることを学ぶ必要があります。欲求が満たされるまでの緊張もそうです。この緊張とのつき合い方は、小さな子どもでも学べますし、そのようなことを学んだ子どもたちは後に、より分別ある判断を下せるようになるものです。

これは心理学の研究の結果わかっていることですが、目先の報酬を受けるために欲求を即座に満たす（immediate gratification）子どもに比べて、目先の報酬には手を出さず、後から手に入れられる、さらに大きな報酬を期待する（delayed gratification）ために今の欲求を抑えられる子どもは、誘惑にも負けず、忍耐強く、自制心の強い子どもになる傾向が強いのだそうです。その反対に、欲求を即座に満たそうとする子どもは、それができないとフラストレーションをすぐに表に出し、攻撃性を示すと言われています。（参照・https://wired.jp/2011/09/15/「我慢できる人」は脳が違う？）

また人間の欲望についても、同じようなことが言えます。欲望が即座に満たされることは、人間にとって究極の満足をもたらすのではなく、さらなる欲望を生み出すのです。現在、広く問題となっている依存症は、このようにして生まれていると言えます。

したがって教育の最終的な目標とは、子どもたちを肉体的にも精神的にも成熟し、「性」が全人格に統合された、真に人を愛することのできるような大人に育てることだと言えるでしょう。このような人は相手の尊厳を認め、相手に対して責任ある態度を取ることが相互関係の基盤であることをわきまえているのです。

今日、どれほど多くの十代の若者たちが、世間一般の倫理観に従ったために挫折し、苦しんでいることでしょう。結局のところ、その若者たちは誤って解釈された自由の犠牲者だとは言えないでしょうか。もし際限のない性の謳歌が癒やしをもたらすとしたら、社会はもうとっくに癒やされていたはずです。ところが現実にはまったく違った様相を呈しています。このように性が奔放なものとなればなるほど、社会はますます深く傷つき、病んでいくのです。

イギリスの社会人類学者J・D・アンウィン[22]（J.D.Unwin）は、地球上の八十の文明の発展と衰退について研究した結果、大変興味深い報告をしています。それによると、文明の繁栄と滅亡はいずれも、その社会における人間の性的行動と密接に関係しているというのです。文化の発展期には性的に、より禁欲的な行動が多く見られ、創造的な力がその文化の繁栄に貢献していました。ところが社会に性的な放縦が見られるようになると、続いて倫理的堕落が起こり、それは同時にその文化の最盛期の終焉(しゅうえん)を意味していたというのです。

このように行き過ぎた性の抑圧も、また無制限な性の謳歌も、ともに人間の発達に悪影響をもたらします。「性」は「生」に統合されるべきものであって、神が意図された本来の位置づけと価値をもつべきものです。そして「性」は、夫婦が愛によって一体となることを通して、「命の誕生」という神の創造のみわざにあずからせていただくという、自分自身を相手に与える深い愛の表現なのです。

7　制限を与える

人間にとってルールのない生活というものは考えられません。同じように神も、ご自分の子どもである人間にルールを与えられました。そのようなルールは神の愛の表れであって、私たちに行くべき道を示し、私たちの足をつまずきから守ってくれるものです。ルールを知っているなら、それに従って歩むこともできます。もしそれに従わなければ、結果が悪くなっても当然でしょう。これまで見てきたように、社会においてルールがあるのと同様、家庭においても守るべき一定のルールがあるのです。

家庭におけるルールには、まず第一に「子どもたちを守る」という目的があります。またそのルールは、そのときどきの子どもの年齢に合ったものであることが大切です。

子どもたちには人生を歩むためのレールが必要です。もし完全な自由が与えられるとしたら、それは子どもたちにとって残酷であるに違いありません。無限な自由の中で子どもたちは方向性を失い、道に迷ってしまうからです。その反対に、過度に厳しい制限を与えるなら、子どもの健全な発達を妨げてしまうでしょう。子どもが何を願っても、つねに親から退けられるという経験を繰り返してしまうなら、その子は攻撃的になるか、自分の殻に閉じこもってしまって精神的に病んでしまいます。

小さな子どもにとっては何もかもが目新しいのです。ですから子どもは周りの世界を手探りしては、ようすを知ろうとします。目に映るものすべてが興味深く、試してみないではいられないものばかりです。このようにしながら周りの世界に対して、子どもは自分のイメージを作っているのです。危険のことなど念頭にはありません。自由に今を生きているのが子どもなのです。

一方、親である私たちは、子どもたちをできる限り危険から守ろうとするでしょう。たとえば、ガスコンロや暖房器具は熱くて危険なので、決して手を出してはならないと教え、それを子どもが守ることを期待します。しかしその親の警告に気を留めないなら、その子は大変痛い思いをして、身をもってその意味を学ぶことになるでしょう。

小さな子どもには「正しいこと」と「間違っていること」の判断がまだつきません。ですから私たちはそれらを一つひとつ教えながら、その概念を子どもに伝える必要があります。それと同じことが「善悪の判断」についても言えるでしょう。子どもの感覚からすれば、自分の欲求を満たしてくれて、心地良く感じられるものはすべて「良いもの」なのです。しかしそれはもちろん、両親の基準と一致するわけではありません。そこでしばしば親子の衝突が生じるのです。しかしこのような葛藤をとおして、子どもたちは社会規範を一つずつ身につけていくのです。

さて子どもにルールを与える場合、「もしこのルールに従わなければ、このようになるからね」というように、子どもが誤解しないように明確に伝える必要があります。そうすれば、子どもたちはルールに従って行動しやすいので安心します。しかし親の勝手な都合で、「良いこと」が急に「悪いこと」に変わったり、「悪いこと」が突然「良いこと」に転じてしまうなら、当然、子どもの心には混乱が生じてしまいます。

子どもは何事でも実際に指導してもらう必要があります。自分の前を実際に歩んでくれる指導者を必要としているのです。その際、大切なことは、「自分に何が期待されているか」ということを、子どもにはっきりとわかるように伝えるということでしょう。その意味で、親は子どもたちへの期待を、わかりやすい言葉で具体的に伝えることが重要なのです。

たとえば、母親が子どもに部屋を片づけるよう求めるとします。恐らく子どもは「片づけ」について、母親の期待とはまったく違った理解をすることでしょう。子どもにとって「片づけ」とは、おもちゃをただベッドの下に押しやることで十分かもしれません。このような場合、母親は実際に手助けをしながら、片づけとはどういうものか具体的に子どもに示す必要があります。

また子どもをしつける際、親が「子どもの意志を傷つけないように配慮する」ということもとても大切です。親が子どものわがままに振り回され、結局、譲歩してしまうことはもちろん子どものためになりません。小さな子どもが店で地団駄を踏みながら、大声で泣きわめいては自分の要求を押しとおそうとする姿を見かけたことは、誰にでもあることでしょう。この恥ずべき大騒ぎに困り果てた親が、ついに根負けして望みの物を子どもが手にするのを見るとき、私たちは何とも言えず不快感を覚えるものです。しかし即座に勝ち取った勝利のため、その子は後に大きな代価を払うことになるのです。

欲求や衝動というものは人間の自然な本能であって、それ自体、非難すべきものではないことを私たちはすでに見てきました。このような人間の欲求にはそれぞれ意味があります。そもそもこれらの欲求がなければ、人類の発展もなかったことでしょう。しかし欲求にはコントロールが必要です。もし私たちが自分の欲求に支配されるなら本末転倒でしょう。したがって私たちは、自分の欲求にどう対処すべきかを学ぶ必要があるのです。欲求は人間に益をもたらすべきものであって、人間が欲求のために存在しているのではないからです。

そのためにも私たちには訓練が必要です。そして訓練があって初めて練達に至ります。そこには「自分の欲するものを断念する」訓練も含まれているでしょう。そのことを学んだ人だけが、内面的な成熟に至ることができるのです。このように「必要ならいつでも、自分の欲するものや願いを手放せる」という心構えは、繰り返し訓練しながら身につけるべきものでしょう。しかしその場合、決して子どもの意志そのものを打ち砕くようなやり方をしないように配慮しなくてはなりません。子どもはこれから人生を生き抜いていくために、この意志を必要としているからです。それは子どもの生きる力そのものなのです。

また親がいつも子どもに対して怒りっぽい態度で接しているならば、その子はひどく自信を失ってしまいます。親から繰り返しそのような屈辱や辱めを受けることによって、子どもの心は深く傷いてしまうからです。そのような子どもたちは、「自分は何をやってもだめだ」と思い込むようになって、自分自身に価値を認める健全な感情も育たなくなってしまうのです。

本来、子どもは自分に誇りをもちたいと願っているものです。何か良いことをしてほめられたいのです。これも生まれつき人間に備わった欲求であって、健全な発達のために必要なものです。したがってそのような欲求を無視することは、子どもの発達や成長に大切な原動力を失わせることになるでしょう。ですから親が子どもの願いを退けるときには、その理由もきちんと伝えることが大切です。小さな子どもであっても、事実に基づいた説明には驚くほど理解を示すものです。たとえ子どもが説明をすべて理解し切れなかったとしても、親としてその願いを聞き入れないほうがよいと判断した場合には、指針を与えるためにも毅然とした態度を取る方がよいでしょう。

もちろん、ここでは親があくまでも自分の言葉に固執すべきだと言っているのではありません。時には、一度、退けた子どもの願いを、あえて聞き入れる自由を持ち合わせてもよいでしょう。しかし親がその場で気まぐれに決断を下すのは望ましくありません。むしろ、そのときどきの状況や事実に応じて客観的に判断することが大切です。理由もないまま自分の願いが退けられてしまうなら、子どもの心には苦々しい思いや欲求不満が残るに違いありません。

では実際に、子どもにどのように制限を与えたらよいでしょうか。

ある日のこと、フェリーボート乗り場の駐車場でのことです。若い夫婦が切符を買おうとして車から降りて来ました。その後ろから、その息子と思われる四歳ぐらいの男の子がついて来たのです。親が切符を買うのを待っている間、その子は手にしていたボールで遊んでいました。ところが突然、車道に転がったボールを追いかけて、男の子はそのまま走って来た車の真ん前に飛び出してしまったのです。車は大きな音とともに目の前で急停車しました。次の瞬間、母親は駆け寄って車道にひざまずくと、石のように立ちすくむ子どもをしっかりと抱きしめました。するとようやく我に返った男の子は、急に大声で泣き出したのです。そのときでした。私は後ろからやって来た父親の態度に、大変驚かされたのです。不注意にも車の前に飛び出した息子を、すぐにでも父親が大声で叱りつけるものと誰もが思っていました。ところが父親は同じように妻のかたわらに膝をつくと、泣き叫ぶ息子をそっと優しく抱きしめたのです。そして何が起こったかを子どもに静かに説明したのでした。それから息子を抱き上げると、車の運転手に礼を言ってから再び駐車場へと戻って行ったのです。この両親の愛情深い態度をとおして、その子が厳しく叱られるより、はるかに多くのことを学んだと私は今でも確信しています。

またあるとき、私は小さな男の子がまだ幼い妹に向かって乱暴に殴りかかるのを目にしたことがありました。母親はその子をそばに引き寄せると、静かにたしなめました。ところが母親がまだ背を向けないうちに、すぐにまたその子は妹に嫌がらせをし始めたのです。そして母親から何発か相当強く尻を叩かれて初めて、ようやく幼い妹から手を引いたのでした。この場合、明らかに言葉や説明だけでは足りなかったのでしょう。その子には、はっきりと感じられる阻止が必要だったのです。しかしそれ以上に大切なのは、三歳の子が小さな妹を殴ろうとする本当の理由を見つけ出すことだったでしょう。もしかしたらその子は、母親から冷たくあしらわれているように感じていたのかもしれません。そうであるなら、ここで厳しい罰を与え過ぎてしまうと、その子は本当に自分が母親から嫌われていると思い込んでしまいます。このようなケースからも、子どもを導くためには、両親にどれほど深い洞察力や理解が求められるかわかると思います。

教育学というものは、人間文明の最古の記録に始まってから現代に至るまで、何千年もの歳月をかけて大きな変遷を遂げてきました。また教育原理も、それぞれの時代の人間像とともに変化し続けてきました。[23] さらに二十世紀後半において私たちの世代は、父親に絶対的権力が与えられていた権威主義的時代の後、今度は反権威主義的な教育方法がもてはやされるというまったく相反する教育が行われた時代を経験しました。その新しい教育法においては、子どもに対する体罰はすべて退けられたのです。自分たちの理想に従って子どもを教育しようとする親の権利さえ否定されたことが、実際にドイツでもありました。しかしそのような自由な教育の結果、子どもたちは節度を失い、より反抗的になりました。また自制心もなくなって暴力を振るうようになった若者たちは、ついに生きるための指針をも失ったのです。

その流れの中で一九七〇年代に、反権威主義的な教育法によってヨーロッパに強い影響を与えたサマーヒルという学校が生まれました。創立者であるA・S・ニール（A.S.Neill）は、他人に迷惑をかけない範囲でもち得る最大限の個人の自由を唱えたのです。そこで提唱され、実践された教育法は、今日でもすっかり過去のものとなったとは言い切れないでしょう。子どもたちに非常に大きな自由や自発性を認めたこの教育法は、今でも広い範囲にわたって現代の教育に影響を与え続けていると思われます。しかし、それが誤解されて実践された場合、袋小路に至ることに多くの親たちが気づくようになりました。親たち自身も、その教育法の唱える、ほぼ無制限な自由に困惑したのではないでしょうか。このような反権威主義的な教育法を提唱する人々は、「子どもの希望を何でも聞き入れ、欲するものを何でも与えるという教育が、子どもたちをより満足させ、社会でたくましく生きていく力を養う」という考えを出発点としています。ところが実際はその反対なのです。子どもの言いなりになる教育によって、子どもたちはかえって欲求不満を覚えて、容易に反抗するようになります。また人を尊敬することを知らず、自己中心的であり、忍耐力に乏しく、しばしばその行動に責任感が欠けているのです。そのような子どもたちが、どうやって後に社会に受け入れられることができるでしょうか。

それでは、世界最初のフリー・スクールと見なされるサマーヒル・スクールでは、子どもたちの自由と自発性を最大限に認めながら、自制することをどのように教えているのでしょうか。意外にも、そこには学校の創立者Ａ・Ｓ・ニールの理想に従って、生徒たち自身によって決められた百五十から二百三十もの校則があるのです。親を含めて大人が決めたルールには反発してきた子どもたちも、それに従うことによって自制することを身につけていると言えましょう。

どのような教育方法においても、しつけは当然、それを受ける子どもにとって適切なものであるべきです。しかし動機が何であれ、しつけは決して限度を越えて厳しいものであってはなりません。合衆国におけるある調査によると、五歳以下で死亡した子どもたちのうち、病気で亡くなった子どもよりも、両親の暴力によって命を落とした子どもの方が多かったという恐るべき報告がされています。[24] 子どもは自分を守ることができません。両親から暴力を振るわれるままとなって、その結果、多くの子どもたちが重傷を負って病院にかつぎ込まれているのです。この見地からすれば、子どもに体罰を加える権利を両親から完全に取り上げようとするのも理解できます。

しかし、もう一方の極端に走ってしまう危険性もあります。何もかも許されていて、禁止というものを身をもって経験したことのない子どもたちは、自制心を養うことができません。そのような子どもたちには自分を偉いと思い込み、他人に横暴な振る舞いをする傾向が見られます。

では、子どもを不当に罰してしまったことに気づいた場合、親はどのような態度を取ればよいでしょう。実際、これはよくあることです。本当に悪かったのは、うまく罰を免れた弟のほうだったかもしれません。場合によっては、親自身が悪かったのかもしれません。しかし、もうすでに与えてしまった罰を取り消すことはできません。どうすればよいでしょうか。

もし子どもが罰に当たるようなことをしていなかったとわかった場合は、当然、親は子どもに率直に謝るべきでしょう。さらに今回、誤って罰を受けた代わりに、次回は特別に罰を免れるという「罰の引換券」という方法を取ることもできます。両親の誠意や愛情が感じられるなら、子どもたちは喜んでそのような取引に応じるものです。

子どもは公正で適切な罰を受け入れます。むしろ多くの場合、子どもは正当に罰せられることを期待さえしています。と言うのも、子どもは罰を受けることによって「自分が公正に扱われた」という感情をもつからです。適切な罰を与えることによって、親は子どもの正義感を養うことができるでしょう。

しかし親の罰が不当で気まぐれなものであるならば、子どもの心を棘（とげ）のように深く傷つけることになります。父親や母親が前後の見境もなく、激しい怒りに任せて子どもを殴るような場合、子どもはそれをもはや「しつけ」としてではなく「虐待」と捉えることでしょう。背後にある親の攻撃心を感じるからです。従ってそのような状況で親がなお愛を持ち出すことは、まったくの逆説となってしまいます。「おまえを愛しているからこそ叩くのだ！」と親が言うような場合です。愛は、たとえ懲らしめの中でも感じられるべきものです。「親の愛情は何があっても決して失われることはない」と、子どもははっきりと知る必要があるのです。

そのような意味でも、子どもに罰を与えた後、母親や父親が再び子どもを優しく抱いて、そのときの状況や子どもが罰を受けなくてはならなかった理由について落ち着いて話す時をもつとよいと思います。

では、親が子どもへの怒りをもはやコントロールできないと感じたときには、どうすればよいでしょうか。そのときは子どもを罰することをせず、まず自分自身が落ち着くためにすぐにその場を離れたほうが良いでしょう。怒りは容易に爆発し、後になって苦々しい後悔が残るような事態に発展してしまうものです。また場合によっては、親が激しく怒った場面が子どもの記憶に深く刻み込まれてしまうこともあるからです。

子どもに制限を与えることは大切です。しかしその際、子どもに適度な自由を確保することにも配慮したいと思います。そのような自由が与えられるとき、子どもは幸せを感じます。制限を受けるときでさえも、子どもが「自分が愛され、受け入れられている」と知ることはとても重要だからです。両親にとって自分がかけがえのない存在であって、自分が何をしようとも変わることなく両親から愛されていることを、子どもは知る必要があるのです。このように親の愛情を信じられる子どもたちは、つねに親の愛を勝ち取らなくてはならなかった子どもたちに比べて、より心が満たされているため、さらに望ましい発達を遂げることができます。こうして親から注がれる無条件の愛を、子どもは決して悪用したりしないでしょう。むしろ子どもはその愛に自然と応えようとするものです。

8　ほめること・叱ること

小さな子どもが経験している世界は、下から上を見上げた世界です。いすも自分より大きいのです。机も大きいし、洗面台も高いのです。このように、子どもは大人の助けなしには生活できません。こうして何につけても親に依存せずにはいられないことが、子どもの心をさらに傷つきやすくしています。そのため子どもには叱責だけではなく、励ましも必要なのです。

もし父親や母親がしょっちゅう、「お前に何をやらせても、だめなのはわかっていたが……」と言って子どもを虐げているなら、その子はまもなく本気で「自分は何の役にも立たない」と信じ込むようになり、実際、成果もそれ相応となってしまうでしょう。

その反対に、「自分は人から崇められるべき天才だ」と信じ込むほど子どもを持ち上げるのも誤りです。そのような子どもは、良いことで注目されなくなると、今度は悪いことで人目を引こうとするようになります。

子どもはほめられるとうれしいので、親から認められようとしたり、気に入られようとするものです。ですから父親や母親は、子どものこの自然な願いに応じてほめることが大切です。両親はそうすることによって、子どもの積極的な努力を促すことができるからです。ほめられることは、子どもにとって「励まし」を意味しているからです。それによって子どものうちに肯定的な力が養われていくのです。もし子どもが親から決して認められなければ、いずれ自分自身に失望してしまうに違いありません。その結果、子どもの心に否定的なセルフイメージが固まってしまったり、人から認められることに病的なほど執着するようになる可能性があります。このように絶えず親から非難されて育つ子どもに比べて、親から認められて育つ子どもには、健全な発達を遂げる可能性が大きく開かれていると言えるでしょう。

もちろんここでは、子どもを非難すべきではないと言っているのではありません。叱責にも意味はあります。しかし親は感情的に子どもを叱るのではなく、子どもによく理解できるような叱り方をすることが大切です。子どもを卑しめたり、子どもに恥ずかしい思いをさせるようなことは決してしてはなりません。ですから子どもの友だちを引き合いに出して、その子と比べるような叱り方は望ましくないでしょう。親のそのような言動は子どもを気落ちさせるだけではなく、子どもの友人関係まで損なう結果になるからです。子どもを叱る際にもっとも良い効果を引き出すやり方とは、子どもを批判するだけではなく、同時に子どもが以前、上手にできたことや成功したことなどを具体的にあげながら、新たなチャレンジに向けて子どもを勇気づけてあげることでしょう。

9　陥りやすい誤り

子どもを教育するのは容易なことではありません。ですからこのような課題に取り組むには、父親と母親の二人がいることが望ましいでしょう。もし何らかの事情で一人で子育てをすることを余儀なくされている場合には、祖父母や叔父叔母など身近な人がその役割を担うことができるかもしれません。一方が知らないうちに過ちに陥っていることがしばしばあるからです。それは子どもを拒絶してしまうという誤りかもしれませんし、子どもを甘やかすという誤りかもしれません。あるいは、どちらかの親がさまざまなやり方で子どもを利用するという誤りに陥っていることもあるでしょう。

残念なことに、中には「必要悪」として、仕方なく子どもたちを受け入れているような家庭もあります。本当のことを言うなら、親にとって子どもが生まれてくることは計画にはありませんでした。でもいったん子どもが生まれたら、どこかに追いやるわけにはいきません。しかし親は自分たちの生活が制約を受けたり、自由が制限されることを望まないのです。最優先されるべきものは自分たちの楽しみであり、人生で発展を遂げて成功するという自分たちの権利に他なりません。そのため子どもたちは、親の自己中心的な追求の後回しにされてしまいます。(注I)親にとってもっとも重要なのは自分たちの人生における繁栄や成功、生活の安定なのです。そのため自分たちの幸せが妨げられない限りは、子どもがいることもかろうじて我慢しますが、ひとたび自分たちの妨げとなるなら、すぐさま子どもは追いやられて、ベビーシッターや託児所に預けられてしまうのです。

しかし自分のキャリアのために、子どもたちを見知らぬ保育者に預ける母親は、子どもを裏切ってしまうことになるでしょう。(注J)このような扱いを受けた子どもたちは、「親から拒絶された」と感じてしまいます。親にすがりつきたいという、幼い子どもたちの抱くごく自然な欲求なども取り合ってはもらえないからです。この場合、母親のキャリア自体が本質的な問題ではなく、問われているのはその優先順位です。

このような親たちは、子どもたちに贅沢な贈り物を惜しまないかもしれません。しかしそれはただ単に、自分が良心のとがめから解放されたいだけかもしれないのです。子どもにとって、本当はそばにいてもらいたい親がいないということは、決して金銭や物で埋め合わせできるようなことではありません。子どもが必要としているのは親の愛情です。自分が親にとってかけがえのない存在であって、親の仕事や高価な贈り物よりもはるかに価値のある存在であると、子どもははっきり知りたいと願っているのです。

確かにさまざまな面で親は子どもに優っています。だからこそ親の元で子どもも安心感を覚えるのです。しかしその優位な立場を利用して、親が子どもに対して権威にものを言わせるような態度を取ったり、過剰な期待をかけたり、物を与えることによって甘やかし、本当は親に愛してもらいたいという子どもの自然な欲求を抑えつけるなら、それは決して望ましくありません。

もし親が、子どもの手からすべての決断を取り上げてしまったり、子どもがすることを何でも「不十分」という理由で退けているなら、いずれ子どもがすっかりやる気を失って、もはや何もしようとしなくなっても不思議ではないでしょう。このような子どもたちは、「自分には何一つできやしない」と信じ込むようになり、実際、その結果も好ましくないものとなってしまうのです。

また、このような親たちもいるでしょう。特に母親によく見られますが、自分の弱さによって子どもを支配しようとするケースです。たとえばそれは、いつも配慮していないといけない病弱な母親であったり、何かの病気のために決して怒らせたり興奮させてはならない父親などです。もちろん子どもが早くから人を思いやることを学ぶのは悪いことではありません。しかしそのような親の病気が、生活すべてをそれに合わせなければならないほど家庭を支配してはならないのです。このような家庭環境で育った子どもたちは大人になっても、まるで方位磁石の針のように、父親や母親の反応につねに自分を合わせるようになってしまいます。

また私は時折、まるで子どもにしがみつくようにして人生を送っている母親たちに出会うことがあります。[25] その母親たちは、自分自身の人生を送ることができません。子どもが近くにいないと不安でたまらないのです。このような母親たちの心に隠された子どもへの依存心は、親が子どもを拒絶する場合と同じように、子どもたちに悪影響を及ぼします。子どもは両親の所有物ではありません。もし「子ども」という存在が、母親にとって自分の人生そのものとなってしまうなら、おのずと夫の影も薄くなってしまうでしょう。ここに不満がたまって夫婦関係や親子関係のずれが生じて、その結果、子どもの健全な発達が阻害されることがあるのです。

その他、親が陥りやすい誤りとしては、どちらかの親が、子どもを自分の都合の良いように使う対象としてしまうというものです。これはしばしば問題のある家庭で見受けられる状況ですが、家庭内の葛藤や衝突を緩和する役割が子どもに無理やり押しつけられてしまうのです。[25]

物理学でも知られているように、過剰なエネルギーは避雷針などによって放電されます。それによって大気中の電圧は下がり、再び安定した状態になるのです。興味深いことに、これと同じ法則が人間関係にも見られるのです。二人の関係がストレス状態に陥ると、そこに生じた緊張は、すぐ近くの三人目の人が背負ってしまいます。同様に夫婦関係がもつれて緊張が高まると、家庭内に子どもを交えた三角関係が出来上がり、緊張が子どもにも及んでしまうのです。

確かに「子ども」というクッションがあることによって、両親の間に生まれた大きな緊張は緩和されます。そのため家庭は一見、バランスを取り戻したかのように見えるでしょう。しかしそれによって、家庭の抱える本当の重荷を子どもが負うことになるのです。つまり避雷針の役割を子どもが果たすために、その家庭の抱える病的な症状が、次第に子どもに現れるようになります。「家族」の中でもっとも弱い環である子どもが、抱えきれない重荷を負わされることによって押しつぶされてしまいます。もちろんその症状はすぐには現れないかもしれません。最初のうち、父親や母親の相談相手として頼られることは、むしろ子どもに自信を与えることでしょう。親が自分を頼ってその心をさらけ出し、難しい相手のためにどれほど苦しんでいるかを打ち明けることによって、子どもは自分が認められたように感じるからです。こうして子どもは、親の悩みに懸命に耳を傾け、何とかして親を慰めようとするでしょう。あるいは両親の仲裁に入ろうとさえするかもしれません。しかしそのような役割は本来、子どもには不適切なため、その子の手には負えないのです。こうしてそのような子どもたちは後に目立つ行動を取るようになって、学校で次々と問題を起こしたり、登校拒否をしたりするようになることもあります。拒食症など、親が非常に心配せずにいられない状況が起こることも決して珍しくありません。

このように子どもの問題が起きたとき、両親は再び言葉を交わすようになります。二人を結びつける共通の悩みを抱えるようになったからです。こうして子どもが心身に支障をきたして初めて、両親の関係が回復に向かうのです。しかしそれは子どもの犠牲の賜物に他なりません。

いかなる理由があろうと、夫婦のどちらかが、家庭内のバランスを保つために子どもを交えた三角関係を作ろうとするなら、その子は精神的に非常に危険な状態に陥ることになります。なぜなら、子どもが夫婦間の病的な問題を一緒に抱え込むようになるからです。その結果、その子は苦しんでいる親と自分とをすっかり同一視するようになって、やがてその子自身が病んでしまうのです。

注Ｉ　ネグレクトの問題——親が子どもに食事を与えなかったり、世話をせず、ひどい場合に

は死に至らせることもある育児放棄について

育児放棄（ネグレクト）も最近注目されるようになった社会問題です。親の抱えている問題（低収入、親の社会的孤立、うつ病やアルコール及び薬物依存など）がその背景にあり、いろいろな社会的サービスの介入が必要にならざるを得ません。子どもを助けるためには、同時にそのような親を助ける必要があります。多くの場合、当事者は自分でどうして良いかわからないことがこの問題の原因の一つになっています。しかし、子どもの安全を確保することが早急の使命ではあっても、サポートを受け入れること自体に抵抗を示す親が少なくないので、この問題の解決は多くの場合複雑です。これからも真剣に取り組んでいかなければならない社会の課題として残ることでしょう。

注J　仕事のため乳幼児を預けざるを得ない母親に向けて

主に経済的な理由で、乳幼児を託児所やベビーシッターに預けざるを得ない母親の状況があることも事実です。日本の現状はこのような施設が足りないために、大きな社会問題になっています。

一九八〇年代からアメリカでは託児所に預けられる乳幼児の数が倍増しました。しかし、そのような子どもの成長をたどっていった研究の結果は残念ながらあまり芳しいものではありませんでした（Heide Lang, Psychology Today, May 1, 2005）。託児所に預けられる時間が長ければ長いほど（週に十時間預けられた子どもの一〇％、十時間から三十時間預けられた子どもの一七％、四十五時間以上の場合は二六％）問題行動を起こす子どもの割合が高くなるという結果が確認されました。これらはやがて治療を必要とするいろいろな行動障害に発展していく可能性が高いというのです。裏を返せば、母親の元で過ごす安定した時間が長い乳幼児は、安定した成長過程をたどるチャンスが大きいということを暗示しているように見えます。

しかし、この研究には盲点があります。研究の都合上、子どもが過ごした託児所の時間は量的には測ることができますが、子どもと過ごす時間の質は測る手段がありません。託児所であっても、母親の元にいても量が決め手になるのではなく、限られた時間であっても子どものニーズを満たすためには質の高い時間（クオリティータイム）が決め手になることを忘れてはならないでしょう。

10 子どもと手伝い

すでにお話ししたように、健康な子どもは喜んで体を動かすものです。このように本来、活動を好む子どもたちは、とても早くから親の手伝いをしたがるでしょう。そこで小さな子どもでも責任をもてるように決まった仕事を与えるとよいと思います。

しかし子どもは早々と与えられた仕事に飽きて、何か別のことをしたがるかもしれません。特に今日、次から次へとさまざまなものが提供されることに慣れているために、根気強く一つのことに取り組める子どもは非常に少なくなっているようです。しかし子どもの発達にとって、たとえ目新しさが失われたとしても、与えられた課題を最後までやり抜くことを学ぶことはとても大切です。

そのような意味でも、自分で世話をしなくてはならないペットを飼うことは、子どもにとって大きな楽しみであると同時に非常に良い訓練となるでしょう。具体的な責任を自覚することによって、子どもは成長し、後に責任をさらにしっかり担えるようになります。

中には、嫌がる仕事を与えて子どもに嫌われることを恐れる親もいるようです。しかし、たとえ好んでやりたがらないことでも、子どもはそれをやり遂げることを学ぶ必要があります。もちろん子どもが良くやったときには、十分にほめてあげることが大切です。もし親が子どもをただの下働きのように使って、「あれを持ってきて」とか「これを持ってって」などと用事ばかりを言いつけているなら、特に年齢の進んだ子どもたちは大きな不満を覚えるでしょう。子どもが望んでいるのは両親の仲間になることなのです。親と一緒に何かをやり遂げたいのです。もし親がそのような子どもの願いに応じなければ、いずれその子が家の手伝いに関心を示さなくなり、何もしたがらなくなっても当然です。

また子どもの些細な手伝いに対して、いちいち金銭で報酬を与えるのは望ましくありません。もし当然なすべき手伝いがすべて金銭に換算されるとしたら、その子はただ物質的な計算にのみ長けるようになり、人間本来の「助ける」心が歪められてしまうでしょう。

それとは別に、子どもが何か特別な仕事をして一定の小遣いを稼げるような機会は与えたほうがよいと思います。特に年齢の進んだ子どもたちは、両親や兄弟へのクリスマスや誕生日のプレゼントのためにある程度、自由になるお金を持ちたがるものです。ただその金額は適度なものとし、あまり多過ぎないほうがよいでしょう。月々の小遣いも、他の子どもたちがもらっている額に準じる必要はありません。むしろその子自身の必要に応じて決めるほうが適切だと思います。多くの小遣いをねだる子どももいれば、欲しがらない子どももいるからです。

確かに金銭的な領域における両親の姿勢は、子どもに大きな影響を与えるものです。親が経済的なことをどのように処理しているかを、子どもはじっと見ています。もし親が金銭的な見返りなど期待せず、当然のように人を助けているなら、子どもたちもきっと献身的に人を助けることに喜びを感じるようになるでしょう。今日のような時代にあって、計算なしに人のために喜んで労する人は何と貴重な存在でしょうか。

「子どもと手伝い」というテーマに戻りましょう。親にとって実際は、子どもに手伝わせるよりも、自分ですべてやってしまったほうが手間もかからず楽なことが多いものです。しかし親がそのような態度を取っていると、子どもは自分を邪魔者のように感じてしまうでしょう。「自分も役に立てる」と示せる機会を子どもは望んでいます。親の力になりたいと願っているのです。

たとえば、父親が部屋をリフォームするとします。するとすぐに小さな息子や娘がやってきて、自分たちも手伝うと言い出すでしょう。その結果がどうなるか、両親には目に見えてわかります。しかしここで、「これはおまえにはまだ無理なんだよ」と言って、子どもをがっかりさせるのはよくないでしょう。このような場合は、手伝おうとする子どもの申し出を頭から否定するのではなく、「自分は両親の手伝いをしている」という気持ちを子どもに持たせながら、実際はその子にできる仕事を与えるというやり方がよいと思います。先ほどの例であれば、古いじゅうたんをはがすことなら子どもたちがやってもよいことにするのです。もし子どもがどうしても壁を塗りたいと言うなら、子どもが塗っても「大丈夫な」隅っこを割り当てればよいでしょう。大切なのは、一生懸命子どもがやった仕事を、親が目の前でやり直さないようにすることです。せっかくやった仕事をそのようにされるのを目にするなら、子どもの心に大きな失望と不満が残るでしょう。そして「自分がやることは、どうせ十分ではないに決まっている」というモットーに従って、いずれ手伝いそのものをしたがらなくなります。

何が大切であるかを、両親はここでよく吟味する必要があるでしょう。本当に大切なのは完璧に塗られた壁でしょうか。それとも「家族に良いことをした」という満足と誇りに満ちた子どもたちでしょうか。この点は親も学ぶ必要のあるところです。しばしば私たちは、子どもを自分たちの価値基準に当てはめていないでしょうか。

11　子どもの遊びと余暇の過ごし方

多くの親たちは、どのような活動を子どもたちにさせれば良いかと頭を悩ませることでしょう。そのような親は、子どもたちをつねに楽しませたり、絶えず子どもに何か提供し続けなくてはならないと考えがちなようです。そのため小さな子どもたちを保育園や幼稚園に預けたり、子どもが長いことテレビを静かに見ていると、ほっと一息つくのです。ようやく自分のための時間ができたからです。

確かにテレビは、多くの子どもたちにとって非常に魅力的なものでしょう。テレビを見ることを嫌がる子どももあまりいないと思います。しかしこの場合も、親は子どもを見守ることを忘れないようにしたいものです。子どもがまだ小さい間は、後で一緒に話ができるように、親も子どもの番組をあれこれ見てみるとよいでしょう。

ストレスを抱え、疲れ切った母親にとって、テレビがいつでもベビーシッターを引き受けてくれることは、とても都合が良いかもしれません。しかしテレビ番組を無差別に見ることは、子どもにとって大きな負担となります。まだ十分に理解したり、消化し切れない映像を目にするとき、子どもは恐れを感じるのです。その恐怖は子どもたちの夢の中にまで持ち込まれ、潜在意識に住みついて、いつしか病的な恐怖心やその他の精神障害という形になって現れる可能性も十分あります。

今日、ほとんどすべての家庭に、少なくとも一台はテレビがあるでしょう。ですから、その影響力の大きさを知っている宣伝業界は、テレビを通して子どもの想像の世界に忍び込もうとします。このテレビが子どもの心に及ぼす影響は、非常に大きいのです。

そのような意味で、子どもに見せてよいと思われる番組を親は注意深く選ぶ必要があります。とは言え、実際には「見てもよい番組」と「見てはいけない番組」の違いを子どもに十分に理解させることは、そう簡単ではないでしょう。特に自分の家では「見てはいけない番組」の話を、友だちが楽しそうにしているのを見るとき、子どもは親に対して不満を示したり、反抗的な態度を取るかもしれません。友だちから仲間外れにされたと感じるからです。子どもはいつでも、遊び仲間や学校の友だちから認められたいと思っているものです。

もちろんここでは、子どもたちにテレビを一切見せてはならないと言っているのではありません。ただ子どもにテレビを見せる場合、子どもたちが理解でき、その人生を豊かにするような影響を与えるよい番組を親が慎重に選ぶことが大切です。

アメリカ合衆国でのアンケート調査によると、合衆国の子どもたちは十八歳になるまでに、テレビ番組の中で殺人シーンを、一人あたり平均一万八千回も目にするそうです[26]。近年、社会的に凶悪犯罪や残虐行為がますます増加し、命を大切にしようとするような伝統的な価値観が次第に失われつつあるのは、このようなメディアの影響と無関係であると言えるでしょうか。ヨーロッパ諸国統合（欧州連合〔略称EU〕）によってテレビ番組が増加したことは、ドイツにおいても何らかの影響を及ぼしたに違いないでしょう。

いずれにしても子どもの年齢が低ければ低いほど、メディアに晒されることによる危険も大きくなります。事実、今や世界各地で、あたかもテレビ番組やテレビゲームの世界をそのまま現実にしたような[27]犯罪行為が報道されていることを私たちは忘れてはなりません。またテレビを見ることによって問題となるのは、子どもが見るに耐えられないような個々のシーンだけではありません。子どもたちがテレビの前で受動的に過ごす多くの時間にも、非常に問題があります。もし子どもが毎日のようにテレビにはりついているなら、本来、深い満足感を与えるはずの素晴らしい才能や能力も伸ばされないままになってしまうでしょう。合衆国での調査結果によると、十六歳の若者たちが、学校で過ごす時間よりも多くの時間をテレビの前で過ごしていたという報告がされています。

今日、多くの子どもたちは、もはや遊ぶことができなくなっているようです。外部からの刺激が多過ぎるために子どもたちが受動的になってしまい、想像力を働かせて遊ぶことをしなくなったと思われます。非常に高価なおもちゃに囲まれながら、どうやって遊べばよいかわからないのです。ほんの一時、新しいおもちゃを手に取ってみては、「つまらない」という理由でお払い箱にします。そのような子どもたちは、つねに最新のおもちゃを欲しがるのですが、すぐにまたそれも放り出してしまうのです。

では、実際に子どもが毎回のように最新のおもちゃを欲しがる場合、親はどのような態度を取ればよいでしょうか。子どもがねだるのは、コンピューターゲーム機器やゲームソフトなども多いのかもしれません。すでに子どもの友だち全員が、人気のおもちゃを持っているとしたら、自分の子どもだけが取り残されたり、仲間外れになってもよいのでしょうか。

この場合、はっきりとした決まりはありません。大切なことは、それについて親が子どもとよく話し合うことでしょう。他の子たちが持っているおもちゃを、自分の子どもにもすべて買い与える必要はまったくありません。たとえ友だちから認められないようなことがあったとしても、家族の絆が強ければ、子どもは自分で物事を判断したり、選択できるようになります。現実にそのような子どもたちは、家族、すなわち両親の価値観を優先するため、友だちからくる誘惑に打ち勝つことも難しくないのです。

　さらにもっと望ましいのは、子どもたちに良い本を選んで与えることでしょう。確かに現代の子どもたちは、ますます本を読まなくなっていると言われています。しかし本は子どもの想像力をかき立て、語彙も増やします。本を読みながら、子どもは自分自身の夢を見るでしょう。テレビのように、暴力的で残酷な映像を無作為に見せられるようなこともありません。目にする絵も自分で選ぶことができるのです。これらを考え合わせると、子どもが幼いころから本を無二の友とすることはとても素敵なことです。

　その際もっとも素晴らしいのは、子どもが寝る前に父や母にしばらく本を読んでもらってから、その内容について親と語り合うひとときをもつことです。そのような時間は子どもたちにとって本当に幸せな時間となることでしょう。そばにいてくれる両親の温もりを感じながら、夢の世界を一緒に散策することほど子どもにとって楽しいことはありません。

　このように子どもと過ごすことには、少なくとも二つの利点があります。両親が子どもと心温まる関係を築けること、そして子どもの思考力に良い刺激が与えられるということです。このような意味で、「良い本を愛する心」を私たちは今一度、取り戻すべきではないでしょうか。もし両親が子どもに本を読んであげる時間がないならば、祖母や祖父がその役割を代わってくれるかもしれません。子どもによくないテレビ番組を見せているよりは、よい朗読のＣＤなどを聞かせるほうがずっとよいでしょう。

子どもが楽しめることはテレビや本以外にも、まだたくさんあります。サイクリング、自然探索やキャンプ、登山、野外でのバーベキュー、さまざまな球技スポーツや水泳、乗馬、ボート、サーフィンなどなど……。特に子どもにとって、水は大きな魅力をもっているものです。水を恐がる子どもも多いでしょうが、そのような場合には、子どもが恐れを克服しながら次第に水に親しめるために両親の助けが必要でしょう。

また親自身の趣味を、子どもと一緒に楽しむこともできるでしょう。父親と一緒に釣りに行ったり、父親の作業台で日曜大工の手伝いをすることもできます。車の修理を父親と一緒に手伝ってもよければ、子どもにとってそれはわくわくするような特別な経験になるに違いありません。母親と一緒にお菓子や料理づくりをするのも、子どもは喜んでやるものです。

また親子で楽しめるものとして忘れてはならないのが、家族全員でやれる家庭用のゲームです。パソコンゲームではないさまざまなカードゲームやボードゲームなどによって、家族でとても楽しいひと時を過ごすことができます。それによって家族の絆が深まるだけではなく、ゲームの勝ち負けを通して、子どもたちにとって自分が負けることや勝った人と一緒に喜ぶことなどを学ぶ良い機会にもなるでしょう。

12　子どもを取り巻くインターネット社会について

この本がドイツで出版された当時はテレビに釘付けになった子どもたちの問題が話題になっていましたが、インターネット（通称ネット）の普及は短期間のうちに驚くほど社会を大きく変えました。オンラインチルドレンという言葉が生まれたほど、若者がスマートフォンなどの携帯電話を持たずにいることが珍しくなりました。

ＩＴの発達には大きな利点があることは疑う余地もありませんが、さまざまな弊害が社会問題として表面化してきたことも事実です。ネット依存はその一つでしょうし、日本では二人、または複数の仲間でさらに容易に連絡を取り合うためのアプリケーションの利用者が仲間外れにされたり、ネットを通していじめられるという体験の結果、自殺するという事件も報道されています。

また日本小児科医会は、すでに二〇〇四年にテレビや携帯用ゲーム、携帯電話などの使用について、「『子どもとメディア』の問題に対する提言」（社団法人日本小児科医会「子どもとメディア」対策委員会二〇〇四・二・六）の中で、子どもとメディアの関わり方に具体的な指針を示し、さらに二〇一七年二月には過度のスマートフォンの使用を警告するポスターを全国の診療所へ配布しています。(注I)

しかし、根底には情報を共有したいということだけでなく、仲間に帰属したいという若者の欲求が強く働いていることを見逃すことはできません。目に見え、触れることができる家族や、友だちとのつながりではなく、空想に近い世界の仲間とのつながりのほうがより現実に思えるようになることに問題がありそうです。

もし、身近な人間同士のバランスの取れたつながりが愛と信頼に基づいて取り戻されたならば、ネットのつながりに逃避する必要もなくなるのではないでしょうか。社会を変えることはできなくても、身近な家族や友だちとのつながりを強くする工夫はできるかもしれません。

注I　スマホ警告ポスター「使うほど学力下がります」日医作成（二〇一七年二月一五日付・毎日新聞デジタル版）「日本小児科医会と日本医師会は15日、『スマホを使うほど、学力が下がります』などと過度のスマートフォンの使用を警告するポスターを作製したと発表した。約17万人の会員に送付し、全国の診療所などで掲出する。ポスターは『スマホの時間　わたしは何を失うか』と問いかけ、『睡眠時間』『学力』『脳機能』『体力』『視力』『コミュニケーション能力』の六つをあげている。それぞれ文部科学省のデータやイラストなどを使って解説。学力に関しては、全国学力・学習状況調査（2014年度）で、小中学校とも普段スマホや携帯電話の利用時間が長い人ほど平均正答率が低い傾向がみられた。同医会は04年にテレビや携帯用ゲーム、携帯電話などについて、『合計1日2時間まで』『2歳まではテレビやビデオ視聴を控える』などの提言をまとめている。スマホもこれに準じて過度な使用を控えるよう呼びかけている。【山田泰蔵】」

ではテレビやビデオ視聴を控える』などの提言をまとめている。

13　子どもの個性

子どもの教育において大切なことは、子どもたちを均一化することではありません。大切なのは、一人ひとりの子どもがそれぞれ個性をもったかけがえのない存在として十分に発展できるように導くことです。すべての人は、神からそれぞれ特別な才能を与えられています。ですから自分に与えられた賜物をそれぞれが十分に伸ばして生かすことが求められているのです。お互いの才能を比較し合ったり、秤（はかり）に掛け合ったりしても意味はありません。才能というものは、その人にふさわしく与えられているものなのです。ですから自分に与えられた特別な才能を生かし合うことが、皆にとって大きな祝福となるのです。

そこで親にとって「子どもの才能をどのように見いだすか」ということが、とても重要になるでしょう。たとえば、手先はとても器用であっても、音楽的才能をあまり示さない子どもに音楽家になるよう求めるなら、その子にとっては大きな負担となります。数学の才能を示してもスポーツに関心がない子どもに、父親がどうしてもスポーツ選手になることを強要するなら、その子を非常に苦しめることになるでしょう。反対に、スポーツの分野では高い能力があっても数学に興味をまったく示さない子どもに、両親が自分たちの夢にしがみつくあまり、何としても数学者になってほしいと願うなら、その子を大きなフラストレーションに陥れるに違いありません。そのような親の期待を背負って、自分の人生よりも両親の欲や見栄を優先させた結果、子どもは親の誤った野心の犠牲となってしまうのです。

このように子どもの将来について、親がその子の本当の能力に不相応な道を計画したり、自分たちの願いや要求を一方的に押しつけるケースを、私はこれまで診療の現場で数多く経験してきました。

さらにその気質においても、子どもたちは一人ひとり非常に異なっているものです。兄弟の間でも、ずいぶん大きな違いが見られます。ある子どもは行動意欲にあふれた進取の気性であるかと思えば、他の子は臆病で引っ込み思案だったりします。つきあい上手で愛想がよく、皆の心をたちどころにつかんでしまう子どもがいるかと思えば、控えめで人見知りをするような子どももいます。自分の気性をコントロールできず、ところかまわず問題を起こして両親の悩みの種となるような子どももいるでしょう。中にはどんなに努力しても、なぜか勉強が不得意な子どももいます。「どうして何でもできるお姉ちゃんのようにいかないのだろう」とその子は悩みます。「もっとお姉さんを見習いなさい！」と親は言うのですが、その言葉に子どもは傷つくのです。どんなにそうしたくても、どうしてもできないのですから……。

このように親は、兄弟全員を平等に扱っているつもりでも、それぞれ子どもたちが違った反応をするのを経験することでしょう。その際に大切なのは、この「一人ひとりの違い」というものを尊重することです。親としてそれぞれの子どもの長所や短所を認め、それに応じて子どもを助ける必要があります。もちろん子どもたちを平等に扱い、決してえこひいきをしないことを、親はいつも念頭に置いて接することは言うまでもありません。どんなに些細なことであっても、親から冷たくされることは子どもの心を深く傷つけ、その結果、「自分」という存在に価値を認める感情までも傷ついてしまうからです。そのような意味でも、それぞれの子どもにふさわしく教育することが求められているのです。

もし何でも正しくやろうとするような臆病な子どもが、何か間違いをしてしまったような場合、特に親は慎重な態度を取る必要があるでしょう。その子にとって「間違いをしてしまった」ということは、ほとんど世の終わりを意味するのと同じだからです。反対にどんなに説教されても、ほとんど気にもかけず遊び続けているようなたくましい子どももいるでしょう。

ここでは子どもの性格について一つひとつ言及することはできませんが、特に繊細で臆病な性質の子どもについて少し取り上げてみたいと思います。このような子どもは何をしてもうまくいかず、子ども時代そのものが苦しみになりかねないからです。

14　臆病な子ども

子どもたちの中には、極端な恐れにつきまとわれている子どもたちがいます。例えば、その子たちは明かりのついていない部屋で怖くて眠れなかったり、部屋に一人きりにされると、恐ろしさのあまり叫び出したりするのです。また親がすぐそばにいてくれないと、何もできない子どもたちもいるでしょう。このような反応は、親から早く引き離されたことが原因になっている場合もあります。

両親はこのような子どもたちに対して、特に深い理解をもって接する必要があるでしょう。もし父親や母親が、子どものそのような恐れは意味がないと退けたとしても何の助けにもなりません。その子たちにとって、「恐れ」は非常に現実的なものだからです。

もし暗闇を恐れる子どもの場合、「その恐れを克服しなさい！」と言って、親がその子を暗闇に置き去りにしたらどうでしょう。それは子どもにとって非常に残酷なことであるに違いありません。幼いころに経験したこれらの恐れは後に病的なものに変わり、「パニック」という形で子どもの人生を脅かすこともあるのです。

この場合、むしろ大切なのは、訓練によって子どもの心に信頼感を育てることです。そして信頼感は「慣れ」から生まれるものです。ですから、両親は細やかな配慮をしながら、子どもが恐れを抱く状況に慣れることができるように導く必要があるでしょう。もし子どもが、父親や母親が持っている安心感を感じられるなら、それを自分の安心感としていけるのです。

このように恐れを感じやすい性質は兄弟間でもかなり差が見られます。このことから、臆病な性質が特定の子どもに遺伝したと言えるかもしれません。臆病な性質は、しばしばその子の両親やそのまた両親にも見られたものであることもよくあります。それに加えて、その子の受けるしつけも「恐れ」の色合いの強いものであれば、生まれつき不安を感じやすい性質はさらに強められてしまうでしょう。

憶病な母親には、遊んでいる最中に子どもが怪我をするのを心配するあまり、多くの制限を与えたり、子どもを手元に置こうとする傾向があります。しかし健康な子どもは自分の力を試し、自分自身の限界を探ろうとするものです。このようなとき、父親の与える影響力は大きな意味をもつでしょう。すぐに怖がる子どもの臆病な性質のバランスを取って、その子が恐れを克服できるように訓練によって助けることができるからです。

また恐れは経験によって植えつけられる場合もあります。足を骨折するなどというつらい経験をすると、その後、その子どもには危険な状況に身を置くことを避ける傾向が見られる場合があります。しかし慎重に導けば、子どもの心に新たな信頼感を育てることができるでしょう。その際、両親がどのような反応を示すかということが大きな意味をもっています。と言うのも、子どもは親の反応に応じて行動するからです。

このような臆病な子どもたちは、実は多くの場合、とても良心的な子どもたちです。ですから批判されるようなことはできる限りしないようにと願うのです。また「自分は間違いをしてはならない」という前提に立っているため、つねに完璧であろうとしてしまいます。

しかし人はまさに、敗北や失望から学ぶことができるのではないでしょうか。このような経験こそ人間が成熟するためになくてはならないのです。それに敗北や失敗をしたからといって、すべてがだめになったというわけではありません。心に苦しみを与える敗北というものは、その経験を今後に生かせるプラスの経験ととらえるか、あるいは苦しいだけのマイナスの経験と見なすかによって大きな違いをもたらします。それは次の進路を決める十字路のようなものだと言えるのではないでしょうか。ですから期待どおりに物事が進まないことや困難も、私たちにとっては特別な訓練の場です。逆に敗北や失敗を受容できない人には、尊大になったり独善的になる危険があるでしょう。

何と多くの子どもたちが、両親に拒絶されることを恐れて、自分の失敗を認めようとしないことでしょうか。もし子どもが何か失敗をして気落ちしているときには、父親や母親が自分の失敗談を話して聞かせるなら、子どもは自分が愛されるために完璧である必要などないと知って安心することでしょう。

また中には、過度に敏感な良心をもった臆病な子どもたちもいます。その場合には、両親が落ち着いた態度で接することや、この世界が不思議に満ちており、人間の想像をはるかに超えた大きなものであることを示すのが子どもにとって最善の助けとなるでしょう。

このように恐れを感じやすい子どもたちも両親と率直に話し合えれば、その心はずっと楽になるものです。その子たちは良い子でありたいと望んでいます。人の陰にこっそり隠れていたいと思ってはいないのです。

「私はあのことで失敗しました」とか、「それは私にはうまくいきませんでした」などと、いともあっさりと自分の失敗や不成功を認める人に出会うと、私たちはなぜかほっとするものです。そのような人たちはさまざまな失敗を通して、次の機会にはさらによくやることを学んだのでしょう。最終的にはそれらの失敗が、他の人の弱さに対して憐れみ深く、寛容で優しくあるようにと、その人たちに教えたのではないでしょうか。

15　個人の尊厳

自然界においては、「境界線」というものがとても大きな役割を果たしています。植物の種がよりよく生長するためには、一定の間隔をおいて蒔かなくてはならないことは、どの庭師でもよくわきまえています。種をすべてまとめて一つの穴に埋めるならば、もちろん収穫は期待できません。

大きな鳥の群れが一所に集まって、そこから一斉に飛び立つようすを観察したことがあるでしょうか。その完全な秩序と、互いに一定の距離を保ちながら隊を組んで飛んで行く鳥たちの不思議な本能に、誰もが目を見張らずにはいられないでしょう。ただ人間だけが、この本能をとっくに失ってしまったようです。

いつも一緒にいた親友同士が、ある日、突然、二人の友情が壊れてしまったことに驚きます。つねに子どもにしがみつくようにして生きてきた母親は、あるとき、自分の手を振り切って急に離れていく子どもに呆然とするのです。その子はほかに生きる道がないことを本能的に感じたのでしょう。

病的な家族関係（家庭システム）には、個人としての健全な境界線が存在していません。自分の個性を捨てて、親や兄弟などの中に自らのアイデンティティーを見いだそうとするからです。例えば両親の間に不和な関係が存在しているケースです。弱いほうの親を支えるために、ある子どもがその親と自分とを極度に同一視して、子どもらしいのびのびとした成長ができなかった場合には、そこに「共依存」の弊害が見られることでしょう。また、兄弟の一人が特に目立った存在である場合には、その兄弟と自分を同一視した子どもは自分らしい成長の仕方をせず、その兄弟の真似をすることがあります。ところが同じような良い結果が出ないと、その子どもは兄弟とは正反対の行動を取ることに自分のアイデンティティーを見いだすということがあるかもしれません。そこには強い敵対心が存在していることがあります。このようなことの結果、家族間に不健全な癒着が生じてしまうか、または境界線が互いを有刺鉄線のように傷つけて一人ひとりを孤立させてしまう状況になるのです。

自由な空間がなければ植物の種も育たず、鳥も動きが制限されて羽ばたくことができないように、私たちも自分が自分でいられるような自由な精神的空間がなければ、「一人の人間」として成長や発展を遂げることはできません。このように、お互いに尊敬し合う心から生まれる個人的な境界線は、人間の人格形成になくてはならないものです。そしてこれが「個人の尊厳」だと言えるでしょう。

もしある人を尊敬しているなら、私はその人の性質やその人の下す決断を尊重するでしょう。しかしそれらを無視して私が自分の意志を押し通そうとするなら、相手の個人的な領域の境界線を踏み越えたことになります。このように、個人的な境界線を越えることから問題が生じるのです。

その他に個人の境界線を越える行為として、どのようなものがあるでしょうか。まず第一にあげられるのは「性的虐待」です。今日、実の父親や血縁者から何年にもわたって性的虐待を受けた子どもたちの報告が、次々と公開されつつあります。これまで羞恥心や恐怖のために沈黙していた子どもたちが今、勇気をもって名乗り出て告白するようになったのです。性的虐待は単に肉体的な暴行に限りません。わいせつな言葉でさえ、子どもたちにとっては自分が裸にされ、辱められたと感じさせるものです。またそれぞれの子どもの個人的な必要に配慮せず、学校で一斉に行われる組織的な性教育も、内容次第では一種の精神的暴行と言えないこともないでしょう。

さらに子どもたちが心の境界線を傷つけられたり、精神的虐待を受ける場合もあります。両親に完全にコントロールされている子どもたちがその例です。両親が自分たちの欠乏を満たそうと子どもにしがみつくことによって、その子が一人の個人として成長できないようになると境界線を越える状況が生まれます。自分が独り立ちしようとすることが両親を裏切ることでもあるかのように感じて、その子は結局、自分自身になりきれないからです。

このように個人としての境界線が侵されるときには、必ずと言って良いほど不安に満ちた病的な自己認識が形成され、そこから病的な行動が生まれます。ですから一定の個人的境界線は、人がその人自身になり、人間として成熟するためにはどうしても必要です。また健全な家庭では、両親と子どもの間に深い信頼関係があるために、境界線を認めることによって一人ひとりが孤立することはありません。

自信に欠けた不安定な心の十代の若者たちにとっては、自分自身に境界線を設けることは決して容易ではないでしょう。そのような若者たちは、つねに人と一緒にいないとやっていけません。仲間が自分の生きる空間そのものであるために、いつも仲間から認められたり、その輪に属していたいと思っています。仲間との親しい関係や、そこから得られる帰属意識は、若者たちにとって非常に大きな意味をもつからです。しかし仲間から認められることを求めるあまり、いつでも他人に合わせ、自分自身の信念までも曲げてしまうなら、結果としてその人は自分自身を損なってしまうことになります。

また境界線と子どもの関係において気づかされることは、自分自身の境界線が尊重されなかった子どもたちは、他の人の境界線も守れないということです。このような子どもたちには、人にぴったりとつこうとし過ぎる傾向があります。そのために、かえって人から疎んじられてしまうのです。

このように私たちは皆、自分自身でいられるために、それぞれ一定の精神的な自由空間を必要としています。このような空間があって初めて、私たちはお互いにより良いコミュニケーションを取れるのです。

では実際に家庭においてこの自由空間は、どのようにすれば生まれるのでしょうか。それはまず、一人ひとりが家族の誰かから批判されることを恐れず、自分の願いや意見をはっきりと表現できるようにすることです。具体的には、「私はこのほうがもっと良いと思う」とか、「今日は家にいたい」などと、家族が日常生活の中で気がねなく自分の意見を言えるようにすることから始まります。

残念なことに、特に律法的な考え方をする傾向のクリスチャンの間では、自分が見たり感じたりしたことを抑圧する風潮が、今なお広く浸透しているように思われます。しかし「福音」は人間に敵対するものではありません。人間を破壊して、「クリスチャンはこうあるべきだ」というスタンダードを作り上げるためのものでもないのです。たとえ人と違う意見をもったとしても、私たちは良心の呵責を覚える必要はありません。誰でも皆、自分自身であってよいのです。また自分の意見や立場を明確にしてよいのです。もちろんそれによって、不必要に人を傷つけないように配慮することは言うまでもありません。この個人的な境界線は、あくまでも愛によって設けられるべきものでしょう。ちょうどそれは有刺鉄線のない壁のようなものではないでしょうか。特に若者たちは、自分を取り囲んでくれるような安全な壁を必要としていると思われます。

もちろん実際には、このような境界線を私たちはつねにもてるわけではありません。人に譲歩したり、自分の都合よりも相手が喜ぶことを優先する場合もあるでしょう。しかし他の人に同調することを優先するあまり、自分の必要や自分の正直な心の願いを退け、後回しにし続けるなら、最終的に私たちは自分自身を裏切ることになってしまうのです。

人間は交わりをもつために創造されました。神と向き合い、交わりをもつ存在となるために人間は創造されたのです。ですからこの本来の使命に立ち返ることが、人間の心のもっとも深い欲求だと言えるでしょう。たとえ今日、人々がそのような欲求を無視して、目の前に差し出される他のものによって心を満たそうとしているとしても、本来、私たち人間の心には、他の何ものによっても満たすことのできない、神との交わりへの深い憧れが存在し続けているのです[28]。

そして子どもたちは、この神に対して大人よりもずっと自然な関係をもっているものです。子どもは子どもなりの論理によって物事を判断しているため、その心には当然のように天使や不思議な自然現象もまだ存在しています。子どもたちにとって神の存在は、まだ疑いや疑問の雲に隠されてはいません。だからこそイエスも弟子たちに、「子どもたちを模範とし、あなたがたも子どもたちのようになりなさい」と言われたのではないでしょうか。（ルカの福音書一八章一五―一七節参照）

このように両親は、自分の子どもたちから多くのことを学べるでしょう。実際、私たち親を教え、神との新たな関係に導いてくれるのは子どもたちなのかもしれません。しかしその子どもらしい信仰が、大人たちによって踏みにじられてしまうことが何と多いことでしょうか。

旧約聖書の律法にはこのように記されています。「後になって、あなたの息子があなたに尋ねて、『私たちの神である主が命じられた、このさとしと掟と定めはどういうことですか』と言うなら、あなたは自分の息子にこう言いなさい。『私たちはエジプトでファラオの奴隷であったが、主が力強い御手をもって私たちをエジプトから導き出された。主は私たちの目の前で、エジプトに対し、ファラオとその全家族に対して、大きくて害をもたらすしるしと不思議を行い、私たちをそこから導き出された。それは、私たちの父祖たちに誓われた地に私たちを導き入れ、その地を私たちに与えるためであった。』」（申命記六・二〇―二三）

あるいはほかの箇所には、このようにも書かれています。「あなたがたの子どもたちが『この儀式には、どういう意味があるのですか』と尋ねるとき、あなたがたはこう答えなさい。『それは主の過越のいけにえだ。主がエジプトを打たれたとき、主はエジプトにいたイスラエルの子らの家を過ぎ越して、私たちの家々を救ってくださったのだ。』」（出エジプト記一二・二六、二七）

いずれの場合にも子どもが尋ね、親が答えています。当然、両親は、子どもたちが早くから神の言葉に親しめるようにと、神について自分たちが知っていることをいろいろ話そうとすることでしょう。「私が今日あなたに命じるこれらのことばを心にとどめなさい。これをあなたの子どもたちによく教え込みなさい。あなたが家に座っているときも道を歩くときも、寝るときも起きるときも、これを彼らに語りなさい」（申命記六・六、七）と書かれているように、神の言葉は生きた言葉として、家庭生活にごく自然に溶け込んでいるのが望ましいのです。しかし、子どもたちに聖書の言葉を教えるだけでは十分ではありません。それより大切なのは、両親が日常生活の中でどのように神とともに歩んでいるかを子どもが実際に目にすることでしょう。

ある子どもが、日曜日にできる限り仕事を休んで礼拝を守ろうとする自分の親と、そのようなことをまったく気にも留めない友人の親とを見るとき、その子どもは自分の親の価値観を受け継いでいくでしょう。また、困難の中にある人を温かく受け入れ、門戸さえ開く両親の姿を見るなら、子どもたちは自然と隣人を愛することを学ぶでしょう。

このように、親が口にしている「神」が何を意味するか、子どもたちは親の生活から読み取っています。そして言葉と生活が一致しているかどうかを、子どもたちはすぐに見抜いてしまうのです。両親が互いにどのように接しているか、父と母が日常の問題をどう解決しているかを子どもは見ています。ですから親の言葉と行いが一致していることがとても重要なのです。そして親として、自分が何か正しくないことをしてしまったと気づいたなら、勇気をもって子どもに謝るべきだと思います。それによって失われるものは何もありません。むしろそのような親の態度は、子どもたちに赦しの意味を教えることでしょう。

家庭における宗教教育については、はっきりとした決まりはありません。毎日の家庭礼拝がすっかり生活の一部となっている家庭もあるでしょうし、そうでない場合もあります。しかし祈りや礼拝が単なる儀式となってしまうなら、本来の力は失われてしまいます。両親がただ伝統を守ろうとしたり、そうしなかったら家庭に不幸や神の裁きを招くのではないかとひそかに恐れているなら、その礼拝や祈りはただお守りの役目を果たしているに過ぎません。実際、そのような習慣は、「まじない」以外のなにものでもないのです。このように信仰を魔法の道具であるかのように考えているなら、それは生きた信仰とは何の関わりもありません。そしてこのような形だけの親の態度に子どもたちが反抗するときは、必ずやってくることでしょう。最初、子どもたちは何も言わないかもしれません。しかし心では何か感じているはずです。

一般的には子どもたちがまだ小さいうちは、母親か父親が聖書の物語を読んであげたり、そこから話をしたりすると思います。また子どもたちと一緒に歌を歌ったり、寝る前に一緒にお祈りをしたりするでしょう。経験からすると、子どもたちは眠りにつく前に父親か母親、あるいは両親二人がしばらく枕元にいてくれることを期待し、喜ぶようです。子どもたちには話したいことが山ほどあります。それは両親にとっても、子どもたちの経験した小さな出来事をゆっくりと聞いてあげられるひとときとなるでしょう。そのような時間をできるだけ長く味わっていようと、子どもたちは次から次へと新しい話題を持ち出してくるものです。

子どもにとってあらゆる説教にまさって大切なのは、両親の生きた実生活です。子どもの心に神に対する愛が育まれるために、神のみわざや創造物について子どもたちに話し聞かせるという使命を、神は両親に託されました。しかし親自身が神を親しく知っているのでなければ、どうやってその責任を果たすことができるでしょうか。生きた信仰が失われているところでは、神は実体のない概念に置き換えられてしまいます。誤って解釈された信仰が及ぼす悪影響について、すでにさまざまなことが書かれているため、今日、信仰をもつ若い夫婦の多くは、もはや子どもたちに信仰の話をしようとしないほどです。しかし神が両親に与えられた使命は、今も変わることはありません。

福音の中心的なメッセージは、「人間と神との和解」であると言えるでしょう。コリント人への手紙の中でパウロはその「和解の務め」についてこのように記しています。「これらのことはすべて、神から出ています。神は、キリストによって私たちをご自分と和解させ、また、和解の務めを私たちに与えてくださいました。すなわち、神はキリストにあって、この世をご自分と和解させ、背きの責任を人々に負わせず、和解のことばを私たちに委ねられました。こういうわけで、神が私たちを通して勧めておられるのですから、私たちはキリストに代わる使節なのです。私たちはキリストに代わって願います。神と和解させていただきなさい。」（Ⅱコリント五・一八―二〇）

イエスはその死によって、人間を再び神との交わりに連れ戻されました。この和解のわざを自分のためのものとして受け入れるなら、誰でも神の家族に受け入れられるのです。この神の和解を自分のものとして受け入れる行為は、「霊的誕生」と呼ばれるものです。誕生は生命の目的ではなく始まりであって、誕生の後に本当の成長過程が始まります。そしてこの成長の過程は、私たちがイエス・キリストに似た者と変えられていく過程でもあるのです。

イエスの霊が心を満たせば満たすほど、その人はイエスに似た者とされていくことでしょう。このような内的な変化は、自分の力によって達成されるものではありません。それは、神の働きに身を委ねるときに初めて与えられるものなのです。

「主の御霊のおられるところには自由があります」（Ⅱコリント三・一七）とパウロは書いています。ここで語られている自由とは、欲することをやりたい放題できる際限のない自由ではありません。むしろ神と結びつくことによって与えられる心の自由です。このように神とつながることによって初めて、私たちは自分を囚人のようにがんじがらめにしてきた勝手な思い込みから解放されて、神に喜ばれることを行えるようになれるでしょう。そして子どもたちを、この素晴らしい自由の中に導くことが私たちの願いです。なぜならこの自由の中にこそ深い喜びの基があるからです。

子どもをそのような自由に導こうとするとき、親として心したいことがあります。ちょうど子どもが成長するために、さまざまな発達段階を順に経ていくように、クリスチャンもまた少しずつ成長していきます。ですからイエスが大人たちに向けられた要求を、そのまま子どもに突きつけることはできないのです。

ある日、イエスは弟子たちにこのように話されました。「まことに、まことに、あなたがたに言います。一粒の麦は、地に落ちて死ななければ、一粒のままです。しかし、死ぬなら、豊かな実を結びます。自分のいのちを愛する者はそれを失い、この世で自分のいのちを憎む者は、それを保って永遠のいのちに至ります。」（ヨハネ一二章二四、二五）

ここでイエスは「一粒の麦が死んで実を結ぶ」と教えられました。しかし自我がまだ完成されていない子どもに「自我が死ぬ」ことは期待できません。それはちょうど、花が咲く前に実を収穫しようとするのに等しいでしょう。果実は成熟のときを迎えて初めて味わうことができます。そこに収穫の喜びもあるのです。「裂かれたパン」についても同じことが言えるでしょう。麦は粉に挽かれて練られ、パンとして焼かれて初めて、人の命のために裂かれるのです。

しかしまだできもしないことを子どもに求めるなら、その子は精神的あるいは霊的に病んでしまう危険があります。その子どもの心には、あたかも「種を蒔いていないところから刈り取ろうとする神」という誤った恐れが生じてしまうからです。

この「一粒の麦が死ぬ」とか「自分の命を憎む」というように、「自らを死に引き渡す」という考えには、ただ単に何か好きな物や願いを断念するということよりもはるかに深い意味があります。イエスの語られた「死」には、それに続く復活と、古いものから生まれ出る新しいいのちの前提という意味があるからです。

私はこれまで、恐れに基づいた信仰をもつクリスチャンの方々に数限りなく出会ってきました。その人々は、「信仰なしには永遠に滅びる」という恐れからクリスチャンになったのです。彼らにとって神は、心の中の自然な喜びをすべて抑圧する恐ろしい存在です。

このようにして彼らの子ども時代も、未知なる神への恐れに支配されてきたのです。

本来、この地上での生活は、私たちが喜ぶように神から与えられたすばらしい贈り物です。しかし、もし私たちが神を恐れるあまり、自分の希望を口にすることもできず、どのような心の願いであっても抑圧しているとしたなら、その人は聖書の福音を誤って解釈していると言えるでしょう。

また中には自分の生活が順調にいっていることに、良心の呵責すら覚えるクリスチャンもいるようです。そのような人々は神の厳しい裁きを免れるために、自分で自分を罰します。そして私たちが喜ぶために神が与えてくださった贈り物を感謝して受け取る代わりに、自分たちを永遠の殉教者にしようとするのです。そのような人々は、クリスチャンとして表面的に非常に信仰熱心であるように見えるかもしれません。しかしその内面は、不安から逃れようとして抑えつけられた人間的な欲望でいっぱいなのです。イエスが繰り返し鋭く批判された「偽善」は、このようにして生まれると言えるでしょう。


多くの親にとって子どもをしつける手段として「神」を持ち出すことは、非常に都合が良いかもしれません。それによって一時的な成果は得られるでしょう。恐れのために子どもたちが言うことを聞くからです。しかしその代償はあまりにも大きいものとなります。

後になってそのように育てられた子どもたちは、神に対して深い信頼に満ちた関係を築くことに大きな困難を覚えるようになってしまいます。神は背後で鞭を振り上げながら、いつ私たちが間違いをしでかすかと待ちかまえる奴隷監視人のようなお方では決してありません。むしろ想像をはるかに超えた大きな愛で、一人ひとりを包み込んでくださる私たちの父なる神なのです。

このように、真の信仰は平安の源となるものです。もし信仰が神の愛に基づいていなければ、誤って解釈された信仰は恐れの源となり、強迫神経症的思考やまじない的思考の温床となってしまうでしょう。

ここで、イエスがどのように子どもたちに出会われたかを見てみましょう。「さて、イエスに触れていただこうと、人々が子どもたちを連れて来た。ところが弟子たちは彼らを叱った。イエスはそれを見て、憤って弟子たちに言われた。『子どもたちを、わたしのところに来させなさい。邪魔してはいけません。神の国はこのような者たちのものなのです。まことに、あなたがたに言います。子どものように神の国を受け入れる者でなければ、決してそこに入ることはできません。』そしてイエスは子どもたちを抱き、彼らの上に手を置いて祝福された。」（マルコ一〇・一三―一六）

イエスは子どもたちに向かって説教されたわけではありません。ただ彼らのためにそこにおられ、子どもたちを御許に優しく引き寄せて深い愛を示されたのです。このように、イエスには子どもたちとともにお過ごしになる時間がありました。子どもたちのために時間を取って、彼らを祝福されたのです。こうしてイエスは、神からほとばしり出るいのちの流れと子どもたちとを結ばれたのでした。

もし両親が、このように子どもと神とをつなぐ役割を果たすなら、子どもたちは神に対してもっと心を開くようになるでしょう。両親が神とともに生きていることが、何よりも子どもに信仰を伝えるのです。本来、子どもたちは、天の世界が自分たちの世界と近いものであるかのように感じているものです。超自然的なものに対して、子どもたちはほとんど本能的とも言えるような関係をもっているからです。

その心が絶えず神に向かい、すべてのことが神とともにあり、神が自然とその実生活の一部として伴侶のように親しい存在となっている生活……。そのような生きた信仰の模範を自分の親に見いだせるなら、子どもにとって何と素晴らしいことでしょう。そのような人にとって、経験することはすべて神との関わりの中に置かれています。美しいもの――それは神から生まれたものです。醜いもの――それは神が変えてくださるものです。苦しみ――それは神に嘆いて良いものです。喜び――それは神に感謝することに他ありません。

これらすべては単に抽象的なことでも、日曜日の礼拝にだけ限られたことでもありません。このように神とともに歩む人の実生活を通して、神ご自身が日常生活の中に入ってこられます。このような生き生きとした信仰生活に触れることによって、子どももまた自分で神とともに考え、神とともに歩むことを学びます。そのような神は、もはや得体のしれない不気味な化け物ではありません。またいかなる困難も、指一本でたちどころに解決してしまうような偉大な魔法使いでもないのです。たとえ神を信じて歩んでいても、この世界はなお非常に現実的であり、問題が呪文で解決できるわけではありません。こうして子どもたちは、信仰の目でこの世界をありのままに見ることを学ぶのです。また「神の敵」という存在を認めることも学びます。しかしこの敵は、もはや子どもたちが震え上がらなくてはならない存在や、決して倒すことのできない巨人ではありません。むしろこの敵が、天の父なる神の力強い御腕に子どもたちを追いやってくれるでしょう。そして、この「神」という安全な城砦(じょうさい)にあって、子どもは戦うことを学ぶのです。

しかし何よりも両親が子どものためになせる最大の務めは、神の御前に出て子どもたちのために祈ることです。このように父親と母親は、神の御前で子どもたちのために執り成し、日々、新たな問題に対処する知恵を求めることができます。また子どもの将来に対する導きを受けるために、子どもの人生の段階の一つひとつについて神と語り合うことができるのです。そしてこの祈りの務めは、つねに聖書の言葉を口にしていることよりはるかに重要なのです。

第3章　希望と新たなスタート

1　子どもという鏡に映し出された親の姿

すでにお話ししたとおり、父親や母親はその年齢や経験において子どもに優るトレーナーのような存在です。私たちが目指すところは、自分たちが学んだことを子どもたちに伝え、自分自身の人生で重要な意味をもつようになった価値観を、子どもたちにもしっかり受け継がせることです。

そして両親はこれらのことを言葉だけではなく、日常生活における具体的な実践を通し、模範を示しながら教えるでしょう。模範は言葉に勝る大きな影響を与えるものだからです。

子どもは観察しては真似をします。この模倣への欲求は、子どもが生まれつきもっているものです。子どもは模倣しながらさまざまなことを身につけていきますが、その際、自分と模範の対象とを同一化しているのです。小さな子どもが父親の大きな靴をつっかけてみたり、母親のコートをすっぽりとはおったおかしな姿を、誰でも見かけたことがあると思います。子どもたちは、自分たちより大きくて強そうに見える両親に、自然と賞賛のまなざしを向けて、いつか自分たちも父親や母親のようになりたいと願うものです。このようにして、子どもは両親の模範から学ぶのです。

しかし間もなく子どもの小さな世界に、両親以外の人々が入り込んでくるでしょう。子どもたちは自分の憧れの存在と自分とを比べて、「自分もあんな風になりたい」と心から願うようになります。その対象はテレビ番組のヒーローであったり、スポーツ界や芸術界の偉大なスターかもしれません。子どもはすっかり夢中になって、自分とそのアイドルを同一化します。

このように、子どもは「憧れの存在」を探し求めています。自分よりも優れていて、大きくて、強くて、賢い人……。しかし両親の模範ほど、子どものたましいに深く焼きつけられるものはほかにありません。ですから親は、自分たちが子どもに期待するような生き方を、自ら示す必要があるでしょう。そのような両親の模範から、子どもはもっとも多くのことを学ぶからです。

もし「子ども部屋を片づけなさい」と子どもに求めながら、自分の部屋を散らかし放題にしている母親がいたら、それは決して良い模範とは言えないのは当然でしょう。子どもに期待することを、親がまず自ら実践しなくてはなりません。同じように、両親が神について多くを語りながら、もしその日常生活において神の存在が何も感じられないなら、子どもはその言葉より、むしろその生活をお手本とするに違いありません。

毎朝、父親が文句を言ってはコーヒーを流し込み、嫌でたまらない仕事を罵るようにして家を出る姿を見るなら、一体どのような模範が子どもの心に刻まれるでしょうか。その反対に父親が喜んで仕事をし、信頼のおける人物であって約束を必ず守ってくれるなら、その父親は子どもに大きな感化を与えるに違いありません。

中には、「自分の家なら好き勝手に振る舞っても構わないだろう」と考える父親もいるかもしれません。ある人は、職場で一日中、管理者としての重責を担わなくてはなりませんでした。そこで仕事を終えてようやく家に帰ったなら思う存分、解放感を味わいたいのでしょう。しかし職場でつき合っているのは大人ですが、家では子どもたちがその父親を見て、その振る舞いのすべてを記憶に留めて模範としているのです。

さらに両親が互いにどのように接しているかということも、子どもにとってはとても重要です。両親が愛情のある態度で接し、お互いを認め合う姿を目にするなら、子どもたちは、特に母親に対して十分に尊敬を払った態度を取るようになります。と言うのも、子どもは本能的に母親に対してより、父親に対して恐怖心をもちやすいことがわかっています。男性の内面に潜在的に潜んでいる攻撃性は、母親の攻撃性よりも強いことが多いからでしょう。乳児さえも低い声、荒々しい言葉遣いに怯えますが、高い声、優しい話しかけには笑顔で反応します。この母親が強い父親から守られ、尊重されていることを目の当たりにすると、子どもは自然に母親を尊重します。なぜなら母親の後ろに父親の存在があると知っているからです。

また食事を用意してくれた母親に対して、父親が感謝する言葉を耳にするなら、子どもたちもまもなく「ありがとう」と、母親に感謝するようになるでしょう。このような習慣は、後に子どもたちが築いていく新しい家庭にも受け継がれていくのです。

子どもたちは、父親や母親がどのように行動しているかをじっと観察しては、当然のようにその行動規範を受け継いでいきます。もし両親が真実に対して曖昧な態度を取るのを見るなら、子どもはすぐに小さな嘘をつくようになるでしょう。両親が自己中心的な行動を取り、自分たちの利益だけを考えては人を出し抜くような姿を見るなら、子どもたちもその行動の仕方を受け継いでしまいます。場合によっては、後に子どもたちが意識的に直そうとしなければ、その行動パターンをそのまま続けることになるでしょう。しかし経験からすると、そのような修正は非常に難しいと言わざるを得ません。ですから両親の責任は大きいのです。両親はまるで判を押すように子どもたちを形作るモデルだからです。

その反対に、親が実生活の中で「赦し」というものを具体的に示すなら、子どももすぐに人を赦すことを学ぶことでしょう。また両親の良い模範があれば、子どもたちは人に譲ったり、必要であるなら、たとえ自分が損をしても引き下がることもいとわないようになるでしょう。


現代に生きる子どもたちの周りには、誘惑の声があふれています。だからこそ子どもたちには、毅然とした態度を取る父親が必要です。また実際にどう振る舞えば良いかを学ぶために母親も必要なのです。こうして子どもの決断力や実践力は、両親の模範を通して培われていきます。

また両親と子どもとの関係が確かなものであればあるほど、子どもは外の世界に対してより強い抵抗力をもつことができます。この強さを子どもは必要としているのです。さもないとすぐに大衆に流されて、皆がやることなら何でもやるようになってしまうでしょう。

しかし子どもが、自分が家庭で守られていることを知っており、親の権威を認め、親を尊敬できるなら、押し寄せてくる誘惑の声にも抵抗し、はっきりと「それは違う」と拒否できる勇気を持ち合わせるようになります。そのような子どもたちは、人の評価を自分の拠りどころとはしていないからです。たとえ皆に同調しないため人から嘲笑されたり、弱い人間としてのけ者扱いされるようなことがあったとしても、自分の確かな拠りどころは家庭にあり、そこで自分は受け入れられていると知っているのです。

互いに愛し合い、理解し合っている両親の元で育まれるなら、その子どもの心には信頼感が生まれます。そのような子どもたちは父親を信頼し、また母親を信頼するようになるでしょう。そこから他の人々や自分自身に対する信頼感も生まれてきます。こうして長所も短所も併せて、「自分はこれで良いのだ」と子どもは思えるようになります。そしてこの信頼感が、子どもの後の人生におけるさまざまな困難に耐え得るしっかりとした心の土台となるのです。

人は教育について分厚い本を書いたり、守るべき規則を山のように掲げることができるかもしれません。しかしこのような多くの戒めも、「あなた自身でありなさい。そして、自分が人にしてもらいたいことをあなたもしなさい」という一言に集約できるでしょう。もし子どもたちが両親の心に誠実さを認めることができ、その日常において生活と言葉が一致しているのを見るなら、親を信頼するようになります。そして自分が親から受け入れられ、愛されていると知っているなら、子どもはおのずと限度をわきまえ、親の愛情にこたえようとするものです。

それが両親にとって最大の贈り物ではないでしょうか。こうして家庭は、家族にとって本当に「心の故郷」となるのです。

2 両親として自信を失うとき

私たちは何とか少しでも良い親になりたいと願って、本を読んでみたり、結婚や育児に関するセミナーに参加したりします。しかし学べば学ぶほど、自分たちがどこで失敗したかはっきりとわかり、心はますます責められるのです。そのようなとき、どうすれば良いのでしょうか。

このような場合、子育てにおける自分自身の失敗を認めるということが、まず何より大切だと思います。「あれは私たちの誤りだった」とか「この点については子どもたちに赦してもらうよりほかにない」というように正直に認めるのです。

「もし子育てを最初からやり直せるものなら、どんなに良いでしょうか」とか、「もし今、知っていることを、あのころ知っていたなら、私はまったく違った子育てをしていたに違いありません」と後悔する父親や母親の言葉を、私はこれまでどれほど耳にしてきたかわかりません。子どもがどんどん成長して親の手から離れていき、やがてもう子どもたちには手が届かないことを認めざるを得ないことは、親にとってとても心が痛むことです。

「自分は親として、間違いばかりしてきたのではないだろうか。今さら何ができるというのだろう」。こうして多くの親たちが、子育ての日々を振り返っては失望したり、自分を責めたりするでしょう。しかしどれほど願ったとしても、その年月を取り戻すことはできません。その日々は永久に過ぎ去ったのです。

もしかしたら子どもたちはまだ独立していないかもしれません。そこで両親は何とかして、やり損なったことを取り返そうとします。でもどうすればよいのでしょう。今さら子どもたちを甘やかして、良かれと思うものを次々と与えればよいのでしょうか……。こうして子育てをやり直したいと願いながらも、親として私たちはなす術を知らず途方に暮れるのです。

しかし本当に子育ては、すべて失敗に終わったのでしょうか。たとえ子育ての過程において、できるものなら消し去ってしまいたいと願わずにはいられないような状況があったとしても、子どもたちに深刻な影響を及ぼすのはそれら一つひとつの失敗ではありません。むしろ子どもたちがどのような雰囲気の中で育ったかということが大切なのです。このように絶えず子どもたちが受け続けた影響が、もっとも大きな力をもっているからです。

確かに私たちは親として、子どもにしてしまった失敗をはっきりと悟らされるときがあるでしょう。これまでまったく見えなかったものが、まるで目から鱗(うろこ)が落ちたように突然、はっきりと見えるのです。自分が長年、子どもに良かれと思ってやってきたことが、実は子どもを苦しめていたと知るような場合があるでしょう。親として自分は懸命に子育てをしていると信じていたのに、あるとき、それが的外れであったことを知らされ、がく然とするようなときがあるのです。なぜ今までそのことに気づかなかったのか、自分でも理解できないように感じるかもしれません。しかし、そのときこそ、自分たちの失敗について子どもたちと率直に話し、そのことで自分がどれほど心を痛めているかを子どもたちに伝えられるときではないでしょうか。そのときこそ、親として子どもたちに心から赦しを請い、残された時間を用いてもう一度やり直したいことや、自分たちがもはや以前とは同じではないことを、子どもたちに伝えることができるのです。

私はハンスという人物のことを思い起こします。彼は父親でありながら、アルコール依存のために何年、いや何十年にもわたって家族に多くの苦しみを与え続けてきました。現在はもう六十歳になりますが、涙なしに過去を振り返ることができません。「もう一度、やり直せるものならすべて最初からやり直したいと、どれほど願い続けたかわかりません」とハンスは言います。しかし家族に与えてしまった損害は、今さら帳消しにはできません。子どもたち一人ひとりの心には、父親のために混乱してしまった家庭の傷跡がはっきりと残されています。行くべき道を見いだすことに、現在もなお彼らは非常な困難を覚えているのです。かつて父親のアルコール依存のために家庭は地獄と化しました。そのため一人また一人と、子どもたちが父親と関わりをもとうとしなくなったのも不思議ではありませんでした。妻でさえそんな夫に耐え切れなかったのです。離婚こそしていませんでしたが、二人の関係は非常に緊迫していました。

しかし現在、ハンスはもはや酒を口にしていません。あるときからすでにもう一年以上、アルコールを断っているのです。確かにこれまで幾度となく彼は禁酒を宣言しました。再出発を誓ってはまた酒に溺れるという生活を繰り返してきたのです。そんな父親のことを、初めは誰も信じようとはしませんでした。ところが今回、ハンスは過去の失敗を否定しようとしませんでした。自分が酒に溺れてしまったことを、難しい環境のせいにもしなかったのです。何の言い訳もせず、ただ子どもたちのところへ行って彼は謝罪しました。子どもたちに対してあまりにもひどいことをしてしまったことをどれほど悔やんでいるかを、率直に伝えたのです。

そのように父親が本当に禁酒をし続け、母親との関係をもう一度やり直そうと努力している姿を見ても、当初、子どもたちはどうしてもそれを信じることができませんでした。それでしばらくようすを見ることにしたのです。ところが父親の態度は変わることなく、ひと月、またひと月と過ぎていき、次第に子どもたちは父親に心を開くようになっていきました。まだかすかな疑いや不安を心に抱きつつも、そんな父親に関心をもつようになったのです。かつて、萎えた手を伸ばしてイエスに癒されたあの男のように、ハンスはまったく変えられました。そのとき、初めて子どもたちはすっかり心を開いて、父親が家庭にどれほど多くの苦痛を与えてきたかをすべて話すことができました。それを聞いたハンスは、子どもたちが自分のためにどんなに苦しんだかを深く理解したのです。こうして彼は初めて子どもたちを抱きしめながら、心から赦しを願いました。「こんな私をどうか赦してほしい……」。

完全な人は一人もいません。私たちは罪を犯しますし、神の憐れみなしには生きられない存在です。しかしもし私たちが親として自分の失敗を正直に認め、子どもたちの前で本当の自分以上に見せようとするのをやめるなら、きっと子どもたちと新たな関係を築くことができるでしょう。

ある親は、これまで子どもたちの前で自分の権威を振りかざしていたかもしれません。でもこれからは、子どもたちにより大きな自由を認めるようになるでしょう。子どもたちも自分自身に責任をもつことを学ぶ必要があると知ったからです。またある親は、子どもたちの愛情を失うことを恐れるあまり、いつでもすぐに子どもの言いなりになってきました。でも際限のない自由が子どもを不幸にするだけであると知り、これからは適切な制限を設けるようになるでしょう。あるいは、子どもをその信仰に従ってしっかりと育てようと熱心に努めてきた親も、自分が信仰を勝手に解釈して、子どもの小さな肩に過ぎた重荷を負わせていたことに気づいてはいませんでした。しかしようやく、親として自らの確信にしがみつき、確固たる信念に従って子どものためにやってきたことが実は正しくなかったことを認めるでしょう。そして自らの力で頑張ろうと堅く握りしめていたこぶしを開いて、自分自身を神に委ねるようになるのです。

成長するのは子どもたちだけではありません。両親もまた成熟していくのです。親として昨日まではまったく目に映らなかったものを、今日、私たちは見ることができるでしょう。子育てで何らかの失敗をしてしまったのは、結婚したとき、二人がまだ若過ぎたためだったのかもしれません。自分たちの問題で頭が一杯で、子どもの必要を見て取る余裕がなかったからなのかもしれません。しかし今、二人とも自分を改めたいと心から願っています。

このように私たちは過ぎ去った過去を神の御手にお返しして、神ご自身がそれを良きものへと変えてくださるように両親として祈ることができるのです。神がそこから新しいものを創造してくださることを願い、自分たちが知らず知らずのうちに子どもに与えてしまった損害を、結果的には神ご自身が祝福へと変えてくださるよう心を合わせて祈るのです。しかし場合によっては、もう子育てにおける適切な時機を逸してしまったと思えるような状況があるかもしれません。子どもたちの内面が、すでに形作られてしまっていることもあるでしょう。しかし父親や母親が成熟した大人として子どもたちに接し、子育てにおける自分たちの失敗について正直に話すなら、両親の変化に対して子どもたちが示す理解の大きさに驚かされることでしょう。

3　新たな視点

複雑きわまりない家庭病理学に取り組んだことのある人は、失望のあまり「一体、誰が健全な家庭を築くことができるのだろうか」と問うかもしれません。確かに程度の差こそあれ、私たちは皆、病んだ家庭の痕跡を心に残しつつ生きていると言えるでしょう。「私は百パーセント健全な家庭に育ちました」とか「自分の子どもを、何の落ち度もなく完ぺきに育てました」などと言える人はどこにもいません。私たちは皆、堕落した被造物の一部に過ぎないのです。

大切なことは、子どもたちが完全な家庭環境で育つということではありません。子どもたちが両親から愛され、受け入れられていると知っていることが何よりも重要なのです。もし子どもたちが、いかなる問題にも直面しないですむように守られてしまっていたら、どのようにして自分の力で困難に対処する術を学べるでしょうか。人間には困難が必要です。失望も必要です。そして自分の両親に失望することもまた必要なのです。人はその可能性を伸ばすために、これらの逆境を必要としているのです。

ですからたとえ自分の家庭に争いがあったとしても、不幸だということではありません。もし自分の家庭に失望し、数々の問題がいまだ解決されないでいるように見えたとしても、ことが終わったわけではありません。大事なことは、一人ひとりがそれらの問題に打ち負かされることなく、成熟した人間として対処していくことなのです。そのためには、お互いに相手を変えようとするのをやめ、その個性や性質も含めて相手をそのまま受け入れようとする姿勢が求められます。また相手の精神的空間を尊重し、自分の意のままにしようとしないことが大切でしょう。そして何よりも、家庭では会話を絶やしたくないものです。もしこのような基本的な前提があるなら、たとえその家庭の中に一定の障害があったとしても、それらの負の要素は家庭全体に統合されるだけではなく、むしろ家族一人ひとりの内に創造的な力を呼び起こすでしょう。そしてまさに、それらの困難や問題がなくては得られなかった強さを、私たち一人ひとりにもたらすのです。

重要なのは、絵から影の部分を取り除くことではありません。光のあるところには影もまた存在するからです。絵に深みを加え、生き生きとさせるのは、まさにこの影であるとは言えないでしょうか。もちろん影があまりに暗く、光をすべて覆い尽くしてしまうなら生命もまた失われてしまうでしょう。

大切なのは、家庭の問題に対して健全なバランスと柔軟性を持ち合わせることです。そしてこのバランス感覚と柔軟性は、いずれも私たちが自分の主観から離れて、より大きな観点からものを見るときにのみ得られるのです。この新たな視点に立つとき、私たちは初めて病的な家族関係から解放され、改めて自分の家庭を見直すことができるようになります。そのとき、私たちは自分自身を、さらに大きな観点から捉えられるようになるのです。

過去に多くの苦しみをもたらした家庭と意識的に断絶することによって、自分自身の解放を宣言する人々に、私はこれまでずいぶん出会ってきました。それを「大いなる自由」

と称して、「私は家族とすっかり縁を切りました。もう何の関わりもありません」と言うのです。しかしそこには真の解決はありません。それによって人は拠りどころを失ってしまうからです。

私自身のルーツは生まれ育った家庭にあるのです。その家庭が自分の気に入るものであったかどうかに大きな重要性を置く前に、家庭はちょうど、自分自身が生まれ育つように神が与えてくださった土壌のようなものだと見なすことはできないでしょうか。「私」という人間が神の望まれるような者となるために、まさにその「家庭」という土壌が必要だったのです。神が私に学ばせようとされたことを学ぶために、私はそれらの苦しみや困難を必要としていたと言えないでしょうか。過去を振り返って「それらは私が実を結ぶために必要な肥やしでした」と私に言った人がいました。ですからそのような家族との断絶を試みるよりずっと良いのは、自分の生まれ育った家庭を新しい視点に立って見直してみることです。そこから自分の過去との和解が始まるのです。

私はカウンセリングの現場で病的な家族関係のもつれに悩んでいる方に、それぞれ自分自身の家庭について少し研究してみることや、生まれ育った家庭に関してできる限り多くの情報を集めてみることを提案しています。父親や母親、祖父母、親戚についての情報を集めて、それらを大きなモザイクのように一つひとつ組み合わせていくのです。

たとえば、ある男性は暴力的な父親のためにずっと苦しんでいました。しかし詳しくその過去を調べていくうちに、本来は暴力的ではなかった父親が、祖父の元で苦しんだことによってまともな生き方ができなくなってしまったことを悟りました。父親の生涯は、その苦しみによって手のほどこしようがないほど破壊されてしまったのです。それを知ったとき、その男性の心に初めて父親に対する同情が生まれました。

またある女性は母親について調べてみました。そこでわかったのは、母親が若いころ、自分の才能を伸ばせるような機会をもてなかったことでした。大学へ行く兄のために、母親は自分の進学をあきらめなくてはならなかったのです。さらに家には誰も世話をしたがらない病気の祖母もいました。それらのことが重なり、母親はついに自分の夢を断念せざるを得ませんでした。そのうちに戦争が始まったのです。祖父は帰らぬ人となり、家族も離れ離れになりました。その後、ようやく結婚した母親は、生まれ育ったその不幸な家庭からやっと脱け出せるとどれほど願ったことでしょう。ところがその願いも空しく、それまで背負い続けてきた不幸は、結婚してからも母親の心を支配し続け、やがてそれは子どもたちにまで受け継がれていったのでした。兄に対するねたみ、劣等感、病身の祖母の世話をさせられたという不当な扱いに対する恨み、また戦後の苦労から生まれた自己憐憫(れんびん)などは、結婚後の家庭生活の中でもきっかけがあるごとに再燃しました。こうして彼女は、夫や子どもとも愛によって結び合うことができず、家庭内の人間関係も衝突が多かったために、子どもは一日も早く家から出ていくことを目指すという状況だったのです。戦後のドイツにはよくあった状況でした。そしてついにその母親は心を病んでしまったのです。

このように人生の足跡を一つひとつたどってみると、自分の母親や父親の姿が、今までとは違って見えてくるという経験を私たちはするのです。そのとき、初めて私たちは兄弟たちと話すようになるかもしれません。それまでは心にいろいろと感じていながら、誰もそのような話題には触れようとはしませんでした。家族全員が本心を隠したまま、それぞれ一人で苦しんでいたのです。

たとえどこか別の場所に新たに根を張り直せることを期待して、生まれ育った家庭から自分自身の根っこを引き抜くようなことをしてみても、それは何ももたらしはしません。それよりもむしろはるかに重要なことは、自分の「土壌」であったその家庭をそのまま受け入れ、肯定することです。私のためにその家庭をお選びになったのは神です。ご自分のなさったことを神はご存じではないでしょうか。

もちろん中には、長年にわたって自分に痛みや困難を与えてきた家族を赦すことが、そう容易ではないケースもあるでしょう。家族を赦したいと願いながらもどうしても赦せないという葛藤に苦しむことも、しばしばあると思います。

それでは、どのようにしたら前向きになれるのでしょうか。「主の祈り」の中でイエスは「私たちに罪をおかした者を赦したように、私たちの罪もお赦しください」ということを祈るように教えられました。この赦しが和解の前提なのです。和解するとは、誰かの言いなりになって自分を放棄することではありません。もちろん、相手が自分の過ちを認めて、私たちの赦しを受け入れてくれるとき、初めて和解が成り立ちます。しかしたとえそうはならなくても、自分に非常に多くの苦しみを与えてきた人々を祈りのうちに神のみ前に導き祝福すること、それが赦しの実践であり、信仰の奥義でもあります。さらに神の愛があふれるように流れ出て、この病める土壌をきよめ、養い、そこに新たないのちを与えるようになるために、自分自身を通り良き管として差し出すことが和解への一歩なのです。

「フランシスコの平和の祈り」をご存じの方も多くおられるでしょう。この人は紀元十二世紀の初め、イタリアのアッシジに生まれた修道士で、のちにフランシスコ会を創設しました。その教えや業(わざ)によって多くの人々に尊敬され、慕われた人物でもありました。自然をこよなく愛し、純粋に神を求め続けた類まれな彼の生き方は、今でもなおキリスト教界に大変大きな感化を及ぼし続けていると言ってもよいでしょう。フランシスコが残したこの祈りは、赦しや和解について、非常に多くの示唆を与えてくれています。

ああ、主よ、決して慰められることを求めず
かえって慰めるものにしてください。
理解されることよりも理解するものに、
愛されることよりも愛するものに、
どうか私をあなたの平安を伝える通り管にしてください。
人は赦すことにより赦され、
与えることにより与えられ、
死に向かって進むことにより永遠の命に生まれるからです。

『フランシスコの平和の祈り』より（著者訳）

4　神の家族

生活が慌ただしくなり、人間関係が希薄になるにつれて、人の顔は歪み、醜いものとな

っていきます。こうして人はいつのまにか、自分が「神の似姿」として創造されたことを忘れてしまうのです。その代わりに理想の人間像もいつのまにか、「何の束縛もなく、すべてが許されている自主独立した自由人」というものになり下がってしまいました。しかしその心の奥底には、「神の似姿としての人間に再び戻りたい」という憧れが存在し続けているのです。今日、自分自身を偶像とし、自画自賛するような自己陶酔的な世代のことがしばしば話題にされます。しかしそのような世代は病める社会の表れに過ぎないのです。

私たち人間は、自分自身のために創造されたのではありません。神の似姿であること、そして私たちの行いや存在をとおして、その神の御姿を反映させながら生きることが、私たちの人生に与えられた使命であると言えるでしょう。それによってこの世界を再び神と結び合わせるために、私たちは「神の似姿」として今、ここに生かされているのです。

この使命を果たすときに、私たちの人生は初めて意味をもつようになります。私たちの存在意義は、自分たちの願いがすべて満たされるということではありません。自分自身のためにこの世に存在しているのでもないのです。私たちの人生の背後には、神ご自身の目的があるのです。

もし自分の利益だけを追求して生きるなら、人生は空しく不幸なものに留まるでしょう。

たとえ人の羨むほどの財産を築き上げ、幸せ者と呼ばれ、その素晴らしい成功のゆえに賞賛されたとしても、それらの輝かしい数々の勲章によって心の隙間が満たされることはないのです。

このような空虚感は人を非常に苦しめるものです。もし自分の人生に意味が与えられるものなら、人はどんなことでもしようとするでしょう。しかし人の賞賛を勝ち取るためにどれほど苦心したとしても、そのすべてをもってしても、この心の空しさを満たすことは到底できないのです。たとえ結婚相手を変えてみたり、最高のパートナーと出会ったとしても、その心は決して満たされることはありません。なぜならこの心の空洞は、神がご自分のために取っておかれた場所だからです。神以外の何ものによっても、それを満たすことはできないのです。

しかし神ご自身がこの心の空洞を満たしてくださるとき、私たちはもっとも真実な意味で人間であることができるのです。それが生きがいのある人生です。そのとき、私たちは初めて生き生きと生きることができるようになります。そしてまた「神の大きな家族」という新しい家族の一員とされるのです。

生まれ育った家庭は、私たちが生まれ出た胚細胞のようなものだと言えるでしょう。今や私たちの根は成長し、もうこれまでの土壌の栄養だけでは足りなくなりました。ちょうど成長した子どもがいつまでも母乳の栄養だけでは育たないように、私たちも人生を生きる力を、古巣である家庭から得ることはもはやできなくなりました。しかしこれからは、この新たに与えられた大きな神の家族が私たちの故郷となるのです。

「わたしの母とはだれでしょうか。わたしの兄弟たちとはだれでしょうか」(マタイ一二・四八)。家族が迎えにきたとき、イエスはこのように問いかけられました。それによってイエスは家庭を軽視なさったのでしょうか。そうではありません。イエスが来られたのは、神のお造りになったものを再び回復するためでした。もちろん家庭もその一つです。ここでイエスはむしろさらにすぐれたものを指し示すことによって、「家庭」というものにより深い意味を与えられたのです。イエスはこう続けられました。「だれでも天におられるわたしの父のみこころを行うなら、その人こそわたしの兄弟、姉妹、母なのです」(マタイ一二・五〇)。

このことに気づかされるとき、私たちは、たとえそれが肯定的なものであろうと否定的なものであろうと、自分が経験したすべてのことを、これまでとは違ったやり方で整理し直すことができるようになります。またそのような経験を通して、私たちは他の人々に対しても、より広い心で接することができるようになるでしょう。自分の権利だけを主張するのをやめ、人の見方にも敬意を払うようになれるのです。そしてもはや人を裁くのではなく、弱さをも含めて、相手をそのまま受け入れることができるようになるでしょう。なぜなら、自分自身もまた神の赦しによって生かされている者だからです。

このような神との新しい関係が重要なのです。これから私たちは、古い根から生きる力を吸い上げようとすることをやめ、神との結びつきから新たな力を得るようになるのです。ここに本当に生きる力の源があります。そしてこの新たな力によって、私たちの家庭も養われていくのです。

そのとき、私たちの家庭もこの新しいいのちの流れに捉えられ、きよめられ、良きものへと変えられていきます。そして子どもたちも、私たちの理解をはるかに超えた神の大きな祝福の中へと導かれていくことでしょう。このようにして私たちの家庭も癒やされるのです。この癒された家庭の存在が社会に及ぼす影響は、決して小さなものとは言えないでしょう。

こうして私は、これまでどれほど窮屈に感じていたかわからない、ちっぽけな「自分の家庭」という囲いを越えて外の世界を眺めるようになります。あれほど高く思えた囲いも、今ではとても低いものとなりました。その囲いの向こうに、広くて美しい神の庭を眺めることができるのです。そしてこれからは、自分が小さな世界で学んだことを、その広い世界で生かしていくことができるでしょう。

私は両親の子どもであると同時に、天におられる父なる神の子どもでもあります。そこには私の新しい兄弟姉妹がいます。私を全世界と結んでくれる「新しい神の家族」がいるのです。そしてその中で、私は一人の自由な人間として生きていけるのです。

この自由のゆえに、私はどこに行こうと恐れません。自分が神の家族の一員であると知っているからです。そこにしっかりと根を張っているので、嵐が来ても吹き飛ばされることはないのです。

また「神の家族」という大いなる家庭に根ざすことによって、私たちは新しいアイデンティティーを見いだすようになります。「もはや私が生きているのではなく、キリストが私のうちに生きておられるのです」(ガラテヤ二・二〇)、これが奥義なのです。

私たちの希望もまたここにあります。内におられるキリストが私たちを造り変えてくださるという希望、キリストご自身が私たちを通して生きてくださり、私たちのような者を、主に喜ばれることを行える者としてくださるという素晴らしい希望が与えられているのです。このようにして、私たちの内におられるキリストのいのちは、私たちを取り巻く人々を養う泉となってくれるでしょう。

そしていつの日にか、この主の御顔を拝するとき、私たちは永遠に天の家で憩うのです。

あとがき

堀江先生ご夫妻との出会いは、一冊の本が導いてくれました。『コンプレックスからの解放』（いのちのことば社）という本です。もう何十年も前になりますが、当時、音楽留学生としてオーストリアにいた私は、この本に出会い、ドイツにおられた先生方をお訪ねしたのです。大変温かく迎え入れてくださった先生方のお宅の窓からは、南ドイツののどかな美しい丘陵地がどこまでも広がっていたのを覚えています。そのとき堀江先生は、思いどおりにいかない状況もすべてそのまま、神様からのものとして感謝して受け入れるときに与えられる心の平安についてお話しくださいました。また奥様のヒルデガルトさんは、部屋の壁を腕いっぱい広げて指し示しながら、人生は大きな壁画のようなものだと語ってくださいました。私たちにはすべてを見通せなくても、その背後におられる神様は素晴らしいご計画をもっておられ、どこまでも良いお方なのだと……。そのときの光景が今も大変懐かしく目に浮かびます。それからわずかして、先生ご家族は、ミヒャエルさんとルツさんのお二人のお子様方とともにカナダのヴィクトリアに移られました。新しい地で先生は長年にわたり神学校で教えたり、カウンセリングを続けられました。ヒルデガルトさんは先生とともに、またご自分でもさらに多くの素晴らしい本を次々と執筆されたのです。

先生方にお目にかかって数年後、私も日本に帰国しました。まもなく結婚し、子どもが生まれたころ、この家庭の本を訳しつつ学びたいと願いました。しかしそれが出来上がるまでに、気が遠くなるほどの長い月日が流れてしまい、あの幼かった子どもたちもすっかり大きくなってしまいました。ところが数年前、留学を志した娘を先生ご家族が温かく迎えてくださったことがきっかけとなり、再び親しいお交わりが与えられるようになりました。そこでご家族から受けましたご親切とご愛には心から感謝する他ありません。

先生方の住んでおられるヴィクトリアは、カナダ西海岸に面したとても美しい街です。郊外の森に囲まれた小高い傾斜地にあるご自宅の大きな窓からは、庭に聳(そび)える木々越しに青々と輝く海が遠く広がっていました。その絵のような風景だけではなく、先生方ご家族の暮らしぶりはとても印象深いものでした。家の中には大きな犬と可愛い子猫、そして庭には六羽のニワトリと一匹の山羊、そして一頭の馬がいるのです。その広い庭には丹精込めて造られた素晴らしい畑があり、季節になると次々と新鮮な野菜や果物が食卓を彩ります。どれも決して楽な仕事ではないと思いますが、その豊かな生活をご家族で力を合わせながら心から楽しんでおられるようでした。

堀江先生は現在もご自宅でカウンセリングをなさったり、聖書研究、また多くの日本人留学生を助ける活動のほか、庭仕事や大工仕事も喜んでされているようです。ヒルデガルトさんはヘブル語の聖書に親しみつつ、地域の環境保護や難民である外国人留学生の支援など幅広い活動に非常に熱心に取り組んでおられます。そして毎日のように、親しく言葉を交わしながら森や公園を散歩される先生方は、ますます生き生きと輝いておられました。

またいろいろお話を伺うなかで、この本の内容の多くが、実際の先生方の子育ての体験に基づいて書かれていることを知りました。ヒルデガルトさんが遠く旅先でもお子さんの枕元でゆっくりと本を読んで聞かせたり、お子さんのために適した学校を求めてドイツ国内を何度も引っ越されたり、あるときは必要に迫られてホームスクールをされたり、最終的にはお子さんのミヒャエルさんとルツさんの将来を考えてカナダに移住されたと聞いています。「何よりも守るべきは家庭ではないでしょうか」とこの本でも語られているように、家庭や子どもにとって本当に良いと信じることを、自由と勇気をもって実践されてこられた歩みに深く感銘を受けました。もちろんお二人が立派に成長されたことは言うまでもありません。またお年を重ねられても多くの人々を助けながら、今日を、今を大切にし、楽しんで過ごしておられるご夫妻のお姿にもとても多くのことを教えられました。

今回、この本の出版にあたって、堀江先生は大変細かく原稿に目をとおしてくださり、補足や時代に合わないところを書き換えてくださいました。多くの助けを頂きましたことを心より感謝いたします。またこの本を翻訳しながら、私自身の家庭についても思い巡らすこともよくありました。改めて私を育んでくれた父や母、ともに過ごした兄弟たち、また家庭を支えてくれている夫、そして喜びとともにたくさんのことを教えてくれた二人の娘たちにも感謝したいと思います。

最後になりましたが、若き日、堀江先生方と出会わせてくれた一冊の本は、さらにもう一つの出会いを導いてくれました。それはいのちのことば社の編集者、根田祥一さんとの出会いです。根田さんは受洗して間もない頃、この『コンプレックスからの解放』という堀江先生ご夫妻の本を愛読されていたそうです。それをお聞きして、私はとても驚かされました。このような良き編集者に恵まれて、本が出版される機会を得ましたことを大変うれしく思っております。根田祥一さん、細かな編集作業に当たってくださった碓井真衣さんに心より御礼を申し上げます。そして、これらの長い年月を通して、このように豊かで素晴らしい出会いをお与えくださった神様に深く感謝したいと思います。

二〇一八年六月

山形由美

参考文献一覧

＊1 G. Leslie, Sh. Korman: The Familiy in Social Context, 6.ed. Oxford Univ.Press, New York, Oxford,1985, P.115-121

＊2 Chr. Lasch: Das Zeitalter des Narzissmus, Steinhausen, München, 1980, P. 235 I. Familie als Stätte der Geborgenheit

＊3 R. Restak: The Mind, Bantam Books, Toronto, 1988, P.17

＊4 A. Yates: Compulsive Exercise and the Eating Disorders, Brunner/ Mazel New York, 1991, Page 8183

＊5 J. Bowlby:Developmental Psychiatry Comes of Age, Amer. Journal of Psychiatry 145 1. Jan. 1988

＊6 A.Yates, 1991

＊7 J. Bowlby: Attachment and Loss, Vol.2：Separation, Basic Books, New York, 1973

＊8 J. Holmes: Attachment Theory: A Biological Basis for Psychotherapy? British Journal of Psychiatry, 1993, 163, 430-438

＊9 M. Ainsworth: Attachments Beyond Infancy, Amer. Psychol. April 1989,P. 709-716

＊10 M. J. Fine (Ed.): The Second Handbook on Parent Education, Academic Press, Inc. San Diego, 1989, P. 53-74

＊11 Michiaki und Hildegard Horie: Wenn Vorbilder trügen-Abhängigkeiten als Mitgestalter des Lebens, R. Brockhaus Verlag, Wuppertal, 1992

＊12 J. Hudson, B. G. Galaway (Ed.): Single Parenting Families, Thompson Educational Publishing, Inc. Toronto, 1993, P.84
＊13 Ch. Tennant: Parental Loss in Childhood, Arch Gen. Psychiatry Vol 45, Nov. 1988
＊14 J. Dominion: An Introduction to Marital Problems, Fount Paperbacks, London, 1986
＊15 Ch. Tennant, 1988
＊16 B. Narramore: When Children Misbehave, Zondervan, Grand Rapids, Michigan, 1980
＊17 R. M. Restak: The Brain-The Last Frontier, New York, 1979, P. 124
＊18 Michiaki und Hildegard Horie: Auf der Suche nach dem verlorenen Vater, 2. Aufl., R.Brockhaus Verlag, Wuppertal, 1989
＊19 E. Erikson: Jugend und Krise, Klett Verlag, Stuttgart, 1968
＊20 A. Clarke-Stewart, S. Friedman, J. Koch: Child Development, John Wiley & Sons, New York, 1985, P.462
＊21 A. Clarke-Stewart, S. Friedman, J. Koch, 1985, P.105
＊22 J. Dobson: Dare to Discipline, Tyndale House Publishers, Wheaton, Illinois, 1970, P. 146
＊23 H. C. Kempe, R. E. Helfer (Ed.):Helping the Battered Child and his Family, Philadelphia, Lippincott, 1972
＊24 R. M. Restak, 1979
＊25 Michiaki und Hildegard Horie: Achtung: Fehlschaltung ! , R. Brockhaus Verlag, Wuppertal, 5. Aufl., 1991
＊26 Michiaki und Hildegard Horie: Wenn Vorbilder trügen, R. Brockhaus Verlag, Wuppertal,

1992

*27 A. Clarke-Stewart, S. Friedman, J. Koch, 1985, P.103

*28 Augustinus: Bekenntnisse, Fischer Bücherei, Frankfurt/ Hamburg, 1955

著者 略歴
堀江通旦（ほりえ・みちあき）

1941年　広島に生まれる。
1965年　九州大学医学部卒業後、同大学精神医学教室に入局。
1967年　渡独。専門医の訓練を受けるため３箇所の専門病院のほかハイデルベルグ大学で研修。
1973年　ハイデルベルグ大学にて学位取得。
1975年　ホルトハウスにて開業のかたわら、ドイツ語圏の諸国で講演活動に従事。ドイツ、ブロックハウス社よりヒルデガルト夫人との共著多数。
1989年　カナダのヴィクトリアに渡る。ドイツ・カナダ宣教団体「ノイエス・レーベン」の依頼で、北アメリカへのラジオ伝道放送の働きにもあたる。カウンセリングに従事する他、講演活動を続け、バンクーバー、リージェントカレッジ、およびトリニテイ•ウエスタン大学でも非常勤講師として教鞭をとる。

ヒルデガルト・堀江（Hildegard・Horie）

ドイツに生まれる。キリスト教神学を学んだ後、作家としての道を歩み、子ども向けのキリスト教宗教番組の脚本家として長年にわたりドイツ国営放送局、及びトランス・ワールドラジオのドイツ支局、エヴァンゲリウムス・ルントフンク（福音放送局）に勤務。堀江通旦氏と結婚。少年少女から大人に向けたキリスト者の伝記や物語を数多く出版。

訳者 略歴
山形由美（やまがた・ゆみ）

東京学芸大学、ザルツブルク・モーツァルテウム音楽大学ピアノ科卒業。
船橋聖書バプテスト教会柏聖書集会会員。
訳書『風が呼んでいる』（ヨルダン社刊）

いのちあふれる家庭を求めて
――安心できる場をつくる

2018年 9 月 1 日発行

著　者　　堀江通旦　ヒルデガルト・堀江
訳　者　　山形由美
印刷製本　シナノ印刷株式会社
発　行　　いのちのことば社
〒164-0001 東京都中野区中野2-1-5
電話 03-5341-6922（編集）
03-5341-6920（営業）
FAX03-5341-6921
e-mail:support@wlpm.or.jp
http://www.wlpm.or.jp/

ISBN 978-4-264-03956-3